WARREN BUFFETT SPEAKS

Wit and Wisdom from the World's Greatest Investor

股神巴菲特

從選股、長期投資到人生最重要的六堂課

珍娜·羅渥 Janet Lowe ——著 李振昌——譯

目錄

前言
巴菲特說的才算數

還有誰比華倫·巴菲特有更多的外號？《浮華世界》（*Vanity Fair*）稱他為金融界的阿甘（Forrest Gump），他的外號還有「奧瑪哈先知」（the oracle of Omaha）、「奧瑪哈的樸實商人」（Omaha's plain dealer）、「吃玉米長大的資本家」（the corn-fed capitalist）、「聖華倫」（St. Warren，不完全是讚美的意思），以及「金融界的羅傑斯」（the financial world's Will Rogers）。他也被稱之為「閃亮王」，因為他擁有美國第二大珠寶店奧瑪哈的「寶霞」（Borsheim）。

巴菲特是全球最成功的投資人，許多書籍想要捕捉他的個性、哲學與精髓，但是所有的字句都不足以描述這位獨特的人物，也許他自己說的話還可以。沒有人比巴菲特更了解巴菲特，基於這個道理，本書蒐集巴菲特的格言與見解。

巴菲特是現代美國英雄，也是備受爭議的聖徒，他到底是誰呢？這裡先做基本的描繪，當你閱讀本書，其他細節就會浮現出來，而且是以他自己的話說出來。

華倫．艾德華．巴菲特（Warren Edward Buffett），一九三〇年八月三十日生於內布拉斯加州（Nebraska）的奧瑪哈（Omaha）。他在奧瑪哈上小學，因為父親霍華．何曼．巴菲特（Howard Homan Buffett）連任四任的美國眾議員，所以初中及高中都在華盛頓特區求學。巴菲特放棄在賓州大學（University of Pennsylvania）華頓商學院（Wharton School of Business）的學業，因為覺得學不到什麼。他轉學到內布拉斯加大學（林肯校區），於一九五〇年獲得理學士學位。後來申請哈佛大學，但是被拒絕。一九五一年，獲得哥倫比亞大學（Columbia University）經濟學碩士學位。在哥倫比亞大學，巴菲特遇到偉大的投資家班傑明．葛拉漢（Benjamin Graham）教授，兩人很快就發展出亦師亦友的關係。

一九五二年，巴菲特與奧瑪哈的鄰居蘇珊．湯普森（Susan Thompson）結婚，他們育有一女二子。巴菲特夫婦多年來分居不同的城市，他們是很親密恩愛的一對夫妻，但是他們的關係令很多人感到迷惑。二〇〇四年，蘇珊因為中風過世（順便說明，由於母女名字都叫蘇珊，我以蘇西（Susie）稱母親，蘇莉（Suzie）稱女兒，以資區別」。

蘇珊．巴菲特與丈夫擁有波克夏海瑟威（Berkshire Hathaway）公司的大多數股份，她是一位個性活潑很有同情心的人，巴菲特說她有著「自由的精神」（a free spirit）。她住在舊金山，曾經告訴過我：「我跟家人以及我所愛的人，過著我自己的平靜生活。」巴菲特繼續住在奧瑪哈，蘇珊過世幾年後，華倫再婚。

一九九七年，我第一次出版《股神巴菲特》，後來又發生了許多事情，不過有些事情仍然一樣。讓我們從那些一樣的事情開始談起：那時候華倫．巴菲特已經是美國最令人驚奇的投資家，現在還是卓越的企業領導人。當時他是美國首富，現在仍然排名第二（編按：二〇二二年，巴菲特位居美國富豪榜第四名）。波克夏海瑟威公司是全世界最不尋常的股票（也是價格最高的），現在還是一樣。

巴菲特每年還是只拿十萬美元的薪水，是全美國前二百大企業中，薪水最低的最高主管。

現在談談改變：如同巴菲特一直所說的，隨著波克夏海瑟威公司的規模繼續成長，現金投資的困難度也日益複雜。波克夏海瑟威公司不斷擴大創新，但是最大的改變是巴菲特的個人生活。

我第一次開始撰寫有關巴菲特的書，那時候他已經相當有名氣，不過跟財經界沒有什麼關係的人，對他還是不太熟悉。他第一次成為全國知名人物，是出任加州州長候選人阿諾·史瓦辛格（Arnold Schwartzenegger）的財務顧問；他捐獻三百億美元的資產給比爾暨梅琳達蓋茲基金會（Bill & Melinda Gates Foundation），更是讓他成為萬眾矚目的焦點。

《浮華世界》談到他的財務生活與市民生活，說「他最重要的工作變成管理他自己的影響力」。二〇〇七年二月，《紐約時報》（*The New York Times*）公司的股價單日上漲了三·八%，因為謠傳巴菲特買進《紐約時報》的股份，從這件事情就可以看出他的影響力。《紐約時報》公司的股價從二〇〇四年到二〇〇七年下跌了四四%，雖然巴菲特說他對報紙不再有投資的興趣，但是對於巴菲特這位價值投資人來說，這是很有吸引力的。

有些生意上的事件並不複雜，像是巴菲特出售奧瑪哈皇家棒球隊（Omaha Royals）的少數所有權。有些事情則比較重要，像是股市激烈震盪以及收購通用再保公司（General Re Corporation）遇到困難。也許波克夏海瑟威公司最令人訝異的進展，莫過於突然對外國投資。

巴菲特的個人生活經歷過痛苦與重大的轉變。有些重要的人過世，包括他的妻子、母親，以及他摯愛的朋友凱瑟琳·葛蘭姆（Katharine Graham）、羅絲·布魯金（Rose Blumkin，譯註：內布拉斯加家具百貨（Nebraska Furniture Mart）的創辦人，一百零三歲仍在工作）、威廉·瑞尼（William Ruane，譯註：巴菲特在哥倫比亞大學的同學）、菲利普·卡瑞（Philip Carret，譯註：美國第一支共同基金，先鋒基金的創辦人）。蘇珊的過世導致巴菲特個人生活重大改變，像是對於慈善計畫以及對蓋茲基金會的捐獻。巴菲特的子女似乎更能展現自己的個性，至少世人比較了解他們。巴菲特捐獻許多錢給子女的慈善基金會，等於公開承認他們已經長大成熟，可以自主。捐款給子女的基金會，同時也顯現出他們的父親是一位天才投資家。巴菲特與蘇西最初成立子女的慈善基金會時，捐獻波克夏海瑟威公司A級股票一百二十九張，B級股票六十八張，成本大約二千美元。這些股票現值一千一百三十五萬三千八百零六美元，增值了一千一百三十五萬一千六百一十四美元。

從本書可以看出，巴菲特在全世界的億萬富翁中究竟有何特殊之處。可口可樂公司前任總裁唐·基奧（Don Keough）曾經說過，巴菲特生活的故事不在於金錢，而是在於價值觀。對於巴菲特，這句話確是實至名歸。

巴菲特在事業上的成就有目共睹。他的第一支投資基金是巴菲特合夥公司（**Buffett Partnership**），從一九五六年經營到一九六九年，平均每年扣除費用前的報酬率為三二%。這一百名會員夥伴基金結束之後不久，巴菲特開始將波克夏海瑟威公司從紡織廠轉變成投資控股公司，當時在華爾街沒有可相比擬的案例。巴菲特最早所買的波克夏海瑟威公司二百股，每股售價為七．五美元，再加上每股十美分的佣金。巴菲特於一九六五年接管波克夏海瑟威公司，當時股價在十二美元到十五美元之間。在巴菲特四十二年的監護之下，波克夏海瑟威公司每股帳面價值的成長率是標準普爾五〇〇指數的兩倍。在巴菲特開始管理金錢時，有幾十個人跟著他投資，到今天本人或是繼承人都還跟著巴菲特。

儘管巴菲特有錢有勢，他還是率性坦誠，樂觀有趣。巴菲特處理所羅門公司（**Salomon Inc.**）的美國政府債券醜聞案，《經濟學人》（*The Economist*）說他做得「明快、坦誠、率性」，這正是巴菲特做事的風格。他遵循一個簡單的道理，但是低估他的智慧、知識或決心，那可就錯了。巴菲特設定非常嚴格的標準，並且堅持到底。

我懷疑巴菲特是故意保留他簡樸的語言，以寓言的型態來解釋事情，讓我們這些凡人容易了解。如果他要賣弄文章與智慧，許多人可能就摸不著頭腦。

雖然巴菲特總是彬彬有禮，但他可不願意浪費時間在計畫、概念或他人身上，除非他感到興趣，這些事情有其價值，或是跟他的利益有關。他的耐心受到考驗時，就會不耐煩。例如，雖然他很少以個人身分表示批評，但是許多學院派人士，追求一個又一個的投資理論，對於股票與股市的經濟功能，卻沒有基本的認識，他就頗有微詞。有些投資顧問引誘投資人從事投機，他就大肆抨擊。不正確或是不夠精準的新聞報導，也經常惹他生氣。

巴菲特說的話，大家都謹記在心。股東、家人與朋友群聚奧瑪哈，參加波克夏海瑟威公司的年會，並且聽他致詞。全鎮到處是投資人，大家訴說巴菲特的故事，而早期波克夏海瑟威公司的故事是最精采的。

一九八〇年代初期，波克夏海瑟威的股票成交價大約五百美元，股東會只有十五人參加。到了一九八〇年代後期，股票成交價二千五百美元左右，股東會有四百人參加。一九九〇年代，參加人數增加，因此巴菲特移到較大的場地。二〇〇六年，有一萬名巴菲特迷湧入奧瑪哈最大的會議場地奎斯特中心（Qwest Center）。

已故的威廉・瑞尼是「紅杉基金」（Sequoia Fund）的創辦人，他在哥倫比亞大學參加班傑明・葛拉漢的研討會上認識巴菲特，兩人一直交往至今。瑞尼描述巴菲特的說話技巧：「華倫是個天才，他能夠簡單而清楚地解釋事情，至少在當下，你確實了解他說的是什麼。」

比爾．蓋茲（Bill Gates）是微軟公司執行長，也是波克夏海瑟威公司的股東，他寫道：「華倫能夠比大眾洞燭機先，這是他的天賦。他說的話句句箴言，值得銘記在心，但是我們就算將他的話都記住了，也無法像他那樣洞燭機先。」

巴菲特說故事的習性也曾經遭到責難。他以專家身分在一宗聯邦案件中作證，律師問他一個問題，法官打斷他的話，說：「巴菲特先生，請不要再說故事了。」巴菲特抗議，說這是他的溝通模式。法官嘆了一口氣，於是巴菲特又繼續說他的故事。

我要澄清的是，我訪問巴菲特無數次，我承認很喜歡他，這可能讓讀者以為我會呈現出巴菲特最美好的一面。這並非我的目的，我的目標是要呈現他不尋常的思考方式，讓讀者以自己的價值觀來做判斷。本書包括一些事件，在這些事件中巴菲特的行為令人很難理解；本書也包含其他人的觀點，這些人認為巴菲特沒什麼了不起的。儘管如此，我承認是以最友善的方式來呈現這些材料。畢竟，如果我不認為巴菲特說的話有用，也不會花這麼多的時間精力來寫這本書。有這麼多人給他施加壓力，他還能夠保持自我，這是值得讚美的。

巴菲特的個性充滿幽默感，而且心地善良。他的父母很明白地告訴他說，如果無法說一個人的好話，那就什麼都不要說；他也是這麼認為。但是他還有個微妙的特質，他的行為經常暗示著他要說的意思。雖然他對任何構想都很開放，但是除非你有建設性的新構想，是他前所未聞的，否則不太可能影響他。有些人年紀大了才有他這種自信，巴菲特顯然是一向都很確定自己的想法，而且隨時都能解釋他的觀點。

這本巴菲特的語錄，也可以叫作投資人的《生活經驗小書》（*A Life's Little Lesson Book*）。我將巴菲特說過的話（加上有關他的軼事趣聞），分成幾個大項，再細分幾個小標題。標題下有幾則引言，一則小故事，或是對某個事件的說明。必要時我將引言放在適當的位置，每句引言都是巴菲特生活哲學的小線索。巴菲特為自己與許多人創造財富，管理財富，分配財富，秉持的就是他這套哲學。大致可分成重要朋友、家人、同事與事件，這些人對於巴菲特的看法，以及重要人物對自己的說法與他們在巴菲特傳奇故事中的角色。

我想透過對於引言的選擇、配置與處理，讓讀者感覺到巴菲特的個性。這本語錄是會話體的語氣，請記住這是一本拼貼而成的書。所說的話不一定按照先後順序發生，相關的議題也不一定是同時所說的。在本書最後有巴菲特年度大事紀，有助於了解他的一生事蹟。

巴菲特所說的話有些很難轉變成準確的文字敘述，不過這也可以說是他說話有趣的地方。巴菲特放輕鬆而且不需要看筆記時，他的演講很棒，但是他的文法不夠完美。其實誰不是這樣呢？他經常嗯嗯哈哈的，然後重複自己說過的話。他可以連續說上十分鐘，一個句子還沒結束，每個片語都用 **and** 連結起來。如果我覺得文法上有瑕疵，但是能夠抓到重點，我就逐字照錄。我也盡量強調出他所要強調的字。

為了意思清楚與節省空間，有時候我會稍做編輯。刪除嗯嗯哈哈的字眼，配合過去時態現在時態或是複數單數，更改名詞與動詞。幾乎所有的更改，我都會用括弧表示。我會小心翼翼，以保存巴菲特的意向與意思。讓他人清楚了解他的意思，這對巴菲特是很重要的。有一次，我跟他在紐約，他講了幾個小時，巴菲特拿出一份有關有線服務的報導，其中有個不重要的小錯誤。「我沒有說這句話，我有說嗎？沒有，我不認為我說過。」這句錯誤的引言將會流傳至全世界，這顯然使得他心神不寧，很可能許多研究資料庫還收錄這句話，搞不好還刻在大理石上。

所以只要引言有被人誤解或可能誤解，在內文中將會討論不一致之處。

編輯這本書時，我注意到一些有趣的模式。例如，巴菲特開始評估許多東西的價值，像是他妻子訂婚戒指的價格，來計算他的淨值。這時候他還很年輕，大多數人在這年紀還不知道怎麼計算身價，即使知道如何計算，通常也是負數。他也喜歡以「假設你將離開（五或十……）年」來造句，他寫年度報告給度長假的姊姊，或是建議你做投資，好像你十年都不會改變心意。「打洞的票」（punching ticket）與「累積回饋社會資金」（accumulating claim check），是巴菲特常用的隱喻。

讀者可能發現到我錯失一些模式。看看別人如何詮釋《股神巴菲特》，以及從本書有什麼啟發，這也是很有趣的。

薇拉·凱瑟（Willa Cather）是內布拉斯加州的小說家，她與巴菲特是同鄉，她從巴菲特身上發現那種不矯飾的智慧、均衡、深度與權威感，喜歡凱瑟的人對於巴菲特也會有相同的見解。不過，凱瑟並沒有說他們內陸人的心理比較簡單，或是天性沒有瑕疵。也就是說，到底巴菲特是什麼樣的人，每個人看了自有定見。

1 關於生活

「吸引我做股票的原因之一，就是可以過自己的生活。不必為了成功而裝模作樣。」

——華倫・巴菲特

巴菲特談到股市、商場道德，或是內布拉斯加玉米的價格，全世界的人都會豎起耳朵聆聽。他說的話往往一針見血，令人一聽不禁嘆道「啊哈！」或「原來如此」。巴菲特的話似乎觸及我們生活的許多層面。雖然他是全世界名列前茅的首富之一，不過他的朋友查理・孟格（Charlie Munger）說，巴菲特也是他所認識最快樂的人之一。在看看巴菲特關於成功投資所說的話之前，先來看看巴菲特對於生活要追求成就與滿足是怎麼說的，這才是比較重要的話題。

最愛家鄉奧瑪哈

華倫．巴菲特童年在奧瑪哈上小學，他的父親叫他「火球」（fireball）。父親霍華．巴菲特當選美國眾議員之後，舉家遷往首都華府。年輕的巴菲特卻渴望回到家鄉：

「我非常想念家鄉。我告訴父母，我躺下來無法呼吸。我告訴他們不要擔心，要他們好好睡覺，而我整夜都沒睡。」

最後，十二歲的華倫回到奧瑪哈，跟祖父一起生活，直到學期結束。有人說「奧瑪哈是美麗島嶼」，顯然華倫同意這種說法。

巴菲特後來就讀賓州大學的華頓商學院，以及哥倫比亞大學的研究所。他在紐約的葛拉漢紐曼公司（Graham Newman Company）工作，但是一九五六年年初，他回到奧瑪哈老家，當年他二十五歲。

「我曾經住過紐約與華盛頓，但是住在紐約花很多時間在交通上。從奧瑪哈搭飛機只要三個小時就可以到紐約與洛杉磯，還是可以獲得大城市的便利，但是我住在這裡沒有繳過罰單。」

「我認為住在這裡比較明智。我在紐約工作時總是覺得一直有太多的東西刺激我，你會覺得腎上腺素比正常多，開始出現反應。住上一陣，可能會有瘋狂的行為。住在這裡思考比較容易。」

過想要過的生活

巴菲特的小兒子彼得（Peter Buffett）是個音樂家，寫過一首歌曲「內布拉斯加」（Nebraska）。這首歌曲也反映出其對美國內陸的喜愛，彼得談到這首歌曲：「表現出我對家鄉根深柢固的濃烈感情。」

華倫．巴菲特說：「吸引我做股票的原因之一，就是可以過自己的生活。不必為了成功而裝模作樣。」

「生活中有什麼東西是我想要而我還沒有的，我想不出來。」

巴菲特的生活方式只是對他阻力最少的路徑？

「賺錢要比花錢容易得多。」

如果我們吃什麼就是什麼，那麼巴菲特一直是十足的美國人：

「我對飲食的觀念很早就形成了，那是在我五歲生日的派對上，我們吃的就是熱狗、漢堡、冷飲、爆米花與冰淇淋。」

巴菲特最常吃的就是巧克力聖代（Dusty Sundae），他在香草冰淇淋上淋上許多賀喜（Hershey's，又稱好時）巧克力糖漿，然後再加上一大堆煉乳。他對於卡路里的計算是這樣的：

「這道巧克力聖代的熱量根本不算什麼。假設每天基本的新陳代謝率是二千八百卡路里，一年算下來需要一百萬卡路里。以我來說，如果還能活二十五年，為了避免因為飢餓而早死，我必須吃下二千五百萬卡路里。為什麼不吃呢？」

不過，有時候卡路里沒有這個價值。有一次，巴菲特參加晚宴，佐餐供應的是名貴葡萄酒。他蓋住玻璃杯口，回答說：

「不要，謝謝。我折現好了。」

培養興趣

對巴菲特來說，投資是一種運動也是娛樂。他比喻發現優良的投資標的，就像是「捕獲一頭行動敏捷的稀有大象」。

不過，他的休閒時間都給了朋友、家人與打橋牌。每逢特別節日，像是女兒在玫瑰戲院（The Rose Theater）工作，獲得奧瑪哈女青年會頒獎，以及比爾．蓋茲在夏威夷的拉奈（Lanai）島舉行婚禮，他就邀請家人與朋友聚會。

每隔一年，巴菲特集團（Buffett Group）召開一次會議，來參加的都是他最親密的老友。他的背部受傷之後，就不再打壁球，不過偶爾還是打高爾夫球。一九九六年的會議中，巴菲特出現，很明顯地瘦了一圈，他解釋說這是他在跑步機上運動的成果。觀眾也注意到他開會時改喝健怡可口可樂，而不是喝傳統可樂或是櫻桃可樂。

橋牌是巴菲特最喜愛的活動，在專家的指導下，段數已經升到新的階段。他非常喜愛橋牌，還說：

「不喜歡打橋牌的年輕人，真是大錯特錯。」

《富比世》（*Forbes*）雜誌發行人馬康・富比世（Malcolm Forbes），這位一生多采多姿的資本家在心臟病發過世的前一晚，還跟巴菲特打橋牌。那場牌局在富比世的倫敦寓所舉行，這是一場美國企業六老闆（Corporate America's Six Honchos）對英國國會議員的比賽。美國隊成員包括巴菲特、富比世、貝爾斯登（Bear Stearns）董事長艾倫・格林伯格（Alan Greenberg）、哥倫比亞廣播公司（Columbia Broadcasting System, CBS）董事長羅倫斯・提許（Lawrence Tisch），以及其他幾位美國人。他們打上午與下午的比賽，美國隊先是輸給上議院的議員，接著打敗下議院的議員。

「我打橋牌時，其他事情都不想。」

「我常說，如果有三個會打橋牌的獄友，那麼坐牢也沒關係。」

巴菲特的橋牌教練雪倫・奧斯伯格（Sharon Osberg）是世界橋牌冠軍高手〔巴菲特透過牌友卡洛・盧米斯（Carol Loomis）認識〕，推薦他用電腦與ImagiNation，透過網路可以在家跟全世界牌友打牌。

「我以前經過個人電腦前，還怕被電腦咬一口，但是一旦開始就容易了。」

拜電腦之賜，巴菲特現在可以跟住在加州卡美爾（Carmel）的姊姊與姊夫、華府的名流朋友，甚至西雅圖的律師也是微軟公司創辦人的父親老威廉・蓋茲（William H. Gates Sr.）一起打牌：

「現在要找老牌友打牌可容易多了，只不過我們相隔數千里。有個星期天我打了六小時，現在比較少面對面打牌了。」

比爾．蓋茲解釋接下來發生的事情：

「雖然他以前刻意避開科技與科技投資，但是一旦用上電腦，他就著了迷。現在，有許多星期華倫使用線上服務比我還多。」

保持熱情

熱情有時候很花錢，就像巴菲特購買他的企業專機「站不住腳號」（The Indefensible，譯註：因為巴菲特以前抨擊企業執行長購買專機）。巴菲特曾經考慮將這架飛機命名為「查理孟格號」（The Charles T. Munger），以紀念他的夥伴，因為孟格至今仍然堅持搭乘經濟艙：

「我愛上這架飛機，我死後要將這架飛機陪葬。」

巴菲特到紐約處理所羅門公司的問題將近一年，他開始改稱他的飛機為「還說得過去號」（The Semidefensible）。

但是，戀愛有時候會結束。一九九五年，波克夏海瑟威公司收購「網捷噴射機」（NetJets）公司，巴菲特與孟格都開始使用這種分享所有權的企業專機服務。現在巴菲特對於「網捷噴射機」公司讚美有加。

巴菲特一生都愛喝可樂，先是百事可樂，後來是可口可樂（尤其是櫻桃可樂）。巴菲特家族有一次開派對，已故的蘇西．巴菲特在入口前面窗戶上，用三英尺高的百事可樂瓶子做裝飾。

蘇西說：「每個認識華倫的人都知道，他血管中流的不是血，而是百事可樂，他甚至喝可樂當早餐。」

在波克夏海瑟威的股東會上，有位股東問說，你現在是美國最有錢的人，下個目標是什麼？巴菲特回答說：「很簡單，成為美國最老的人。」

但是他不相信可以一步登天：

「我不會嘗試跳躍七英尺高的欄杆，我會找一英尺高的欄杆，可以輕鬆踏過。」

為卡車感到遺憾

一九九六年的股東會上，有位投資人問說，如果巴菲特被卡車撞到，波克夏海瑟威公司將會怎樣。這問題經常被提起，巴菲特有時候妙語解頤說：「我通常會說，我為卡車感到遺憾。」多年來，他總是用各種妙答化解。

一九八五年：在一篇有關波克夏海瑟威公司對於所收購企業的長期承諾的文章中，巴菲特指出：「如果我早死（活不到一百歲，我認為就算是早死），波克夏海瑟威公司的經理人得到公司的託付，所以不必擔心。」

一九八六年：「每年都有人問我卡車的問題。如果我今天被卡車撞到，查理．孟格將會接手業務，不必拋售波克夏海瑟威的股票。投資將會繼續。」

巴菲特也推測：「在我去世那天，股票可能上升四分之一點或半點。如果上升太多，我會覺得很失望。」

一九九一年：「我不在的話，我們的業務還是繼續，所以我人到底在哪，根本不重要。」

一九九三年：甚至於媒體都提醒巴菲特，人難逃一死。有位電視記者問他，希望如何被人懷念：「這個嘛！我希望牧師說：『我的天，他真老。』」

一九九四年：「我已經公開宣布，我計畫經營波克夏海瑟威直到我死後五或十年。不過，波克夏海瑟威是很容易經營的。」

一九九五年：在股東會議上，有人發言說：「我想買波克夏海瑟威公司，但是我擔心如果你發生什麼不幸，我無法承擔這風險。」

巴菲特回答說：「我也承擔不起。」

二〇〇〇年：他不希望橫死馬路上，但是，「果真如此，希望不是蓋可（GEICO）保險公司（GEICO: Government Employees Insurance Company）的駕駛員（譯註：蓋可保險公司是巴菲特最早的投資）。」

接班計畫

二〇〇六年：巴菲特宣布三百億美元的慈善捐贈計畫，震驚全世界，股東則是了解到：巴菲特知道自己終究會死，正在預做規畫。幾年前，巴菲特宣布說，他的兒子霍華（Howard）將會成為波克夏海瑟威董事長，幾位現任的經理將會接手公司的經營。一般咸信，過去二十五年來管理蓋可保險公司投資業務的路易．辛普生（Louis Simpson），將會接管波克夏海瑟威公司大部分的投資。辛普生在蓋可的績效，每年超出標準普爾五〇〇幾乎七％，甚至景氣不佳的年頭也有相同的表現。在二〇〇六年年度報告上，巴菲特宣布招募較年輕的候選人接掌他的職位，因此巴菲特無法處理事務將由辛普生接手的說法，就此煙消雲散。辛普生雖然有能力，但是只比巴菲特年輕六歲。巴菲特希望接班的計畫可以進行長久一點。

投資的方法要像冰上曲棍球，巴菲特說：

「要像韋恩．格雷茨基（Wayne Gretzky，編按：加拿大冰球運動員）所說的，橡皮圓盤還沒到人先到，而不是追著圓盤跑。」

「想要快速游一百公尺，最好是跟著浪潮，而不是自己划水。」

「從紐約到芝加哥，如果路線正確，就不會繞到阿爾圖納（Altoona）去。」

「我一直覺得，研究失敗的企業比研究成功的企業更有收穫。商學院習慣上都是研究成功的企業，但是我的夥伴查理．孟格，說他想要知道的，就是他會死在哪裡，然後他都不會去那裡。」

讓生活充滿前景

巴菲特桌上有本記事手冊，上面寫著：

「對於核子戰爭的消息，不予理會。」

一九八五年，關於二十年來投資成果達到二三一％的成長率，他說：

「就像是一位克服浪費的年輕人。」

在雞尾酒會上，一位微醉的女士靠近巴菲特，柔情地低聲說：「我看到你身上掛滿了錢。」

巴菲特告訴一位記者說：

「我不以我賺的錢來衡量我的生活，其他人可能會，但是我肯定不會。」

「就某種程度而言，金錢有時候讓你生活在比較有趣的環境中。但是金錢無法改變的是，有多少人愛你，或是你有多健康。」

「成功是擁有他人對你的敬愛。」

「金錢使我感到興奮，但是買不到愛。」

《時代》（*Time*）記者約翰．羅斯查得（**John Rothchild**）說：「我們看到石油大王、不動產大亨、海運鉅子累積許多財富，但是巴菲特是第一個只靠選股就成為富豪的人。」羅斯查得沒有提到，巴菲特並沒有繼承財產，完全是白手起家。巴菲特成為美國最有錢的人，無疑將成為美國的傳奇。霍瑞修．愛爾傑（**Horatio Alger**）的故事算什麼（譯註：美國作家霍瑞修．愛爾傑曾經寫過許多白手起家的故事），從現在開始，白手起家的故事就叫做「華倫．巴菲特故事」。他從一九四三年開始，一步一步爬升，成為《富比世》四百名美國首富中的一人。

一九四三年：華倫告訴一位朋友，他三十歲前將成為百萬富翁，否則「我就從奧瑪哈最高的建築物跳下來。」

一九八二年：華倫・巴菲特以二億五千萬美元排名富豪第八十二名，丹尼爾・路得維格（Daniel Ludwig）以二十億美元排名第一，高登・彼得・蓋帝（Gordon Peter Getty）以十四億美元排名第二。

一九八四年：巴菲特以六億六千五百萬美元的身價排名第二十三，第一名是蓋帝，有四十一億美元，山姆・華頓（Sam Walton）第二名，身價二十三億美元。

一九八五年：巴菲特成為內布拉斯加第一位十億美元的富翁，資產有十億七千萬美元，在《富比世》四百富豪中排名第十二。華頓以二十八億美元排名第一，羅斯・裴洛（Ross Perrot）以十八億美元排名第二。

一九八六年，《美國新聞與世界報導》（*U.S. News & World Report*）刊登擁有美國上市公司股票最多的個人與家庭前一百名的名單，巴菲特排名第八，華頓家族排名第一。巴菲特評論說：「你看到他們計算得有多精準嗎？只不過他們忘記我昨天晚上在布朗可（Bronco's）買了幾個漢堡。」

一九八八年：巴菲特的淨值增長到二十二億美元，但是他掉到第九名。華頓以六十七億美元排名第一，排名第二的約翰・克魯格（John Kluge），資產三十二億美元。

一九八九年：巴菲特加速超前，以四十二億美元排名第二。約翰・克魯格以五十二億美元排名第一。全世界首富是日本的房地產開發商堤義明（Yoshiaki Tsutsumi），有一百五十億美元的資產。

一九九一年：巴菲特排名下降，但是仍然是富豪，以四十二億美元排名第四。克魯格以五十九億美元再度躍居首富，新進榜的比爾・蓋茲，以淨值四十八億美元排名第二。

一九九三年：以八十三億美元排名第一，比爾・蓋茲以六十．億六千萬美元排名下跌，成為美國第二有錢人。

一九九四年：降回第二名，巴菲特的財產只增加到九十二億美元，比爾・蓋茲以九十三億五千萬美元躍居第一。

在巴菲特與蓋茲爭奪全美國第一或第二富豪的拉鋸戰中，幽默作家包可華（Art Buchwald）評論說：「儘管雙方都有交情，兩人之間一定有些緊張關係。當你是第一名，你一定會回頭看看誰追上來了。另一方面，你是第二名時，你得花很多時間跟家人解釋你是怎麼落後的。」

巴菲特與蓋茲輪流當世界首富，過了幾年，蓋茲拉開領先差距。二〇〇六年，蓋茲的淨值估計有五百億美元，巴菲特只有四百二十億美元。不過，兩人都大幅領先其他人。第三名是墨西哥的卡洛斯・斯利姆・埃盧（Carlos Slim Helu），身價三百億美元。但是，二〇〇七年，斯利姆成為第一名。

誠實至上

巴菲特告訴他的兒子霍華：

「建立名譽要二十年時間，破壞名譽只要五分鐘。如果你能想到這點，做起事來就會不一樣。」

「任何情況下都不能說謊。不要管律師，如果你讓律師介入，基本上他們會告訴你：『什麼都不要說。』你看到什麼就說什麼，基本上就不會陷入麻煩。」

有一次發生虛假事件，則純屬意外，那就是尼古拉斯・肯納（Nicholas Kenner）事件。一九九〇年的股東會，巴菲特開始進行回答股東問題，一位來自紐約的九歲股東先發問，當時他擁有十一股的波克夏股票。這位少年問說，為什麼波克夏的股價這麼低，當時成交價格大約一股六千六百美元。巴菲特在第二年給股東的信上提到這問題。尼古拉斯第二年也參加股東會，提出更棘手的問題。他指出，年度報告上說他是十一歲，其實他當年只有九歲，尼古拉斯問說：「我怎麼知道財務報表上的數字是正確的呢？」巴菲特答應以書面回答這個問題。

喜思糖果（See's Candy）是波克夏海瑟威所屬的公司，如果謊言可以提升喜思糖果的銷售量，那麼善意的小謊言是可以原諒的。

「業績不佳時，我們就散播傳言說，我們的糖果可以刺激性慾。非常有效，我是說傳言有效，不是糖果真有這功效。」

請說完整的事實

巴菲特對於新聞工作的要求標準很高，可以回溯到他當送報生的時候，就已經做得井然有序。巴菲特後來做過調查報導，曾經獲得一九七三年的普立茲獎。起因是一九六九年，巴菲特買下奧瑪哈的社區週報《太陽報》（*Sun*）。他聽到傳言說，法蘭納甘神父（**Father Flannigan**）的孤兒院「男孩之家」（**Boys Town**），藉著愛心的名義累積許多錢，卻沒有將這筆錢用在協助兒童。

巴菲特知道國稅局有個新規定，要求慈善機構必須填寫九九〇表格公開資產。他跟《太陽報》的員工說起這事，員工取得國稅局的副本，證實了這個傳言。他們不動聲色進行調查，甚至在巴菲特家中的地下室工作，以免這八頁的報導在出版之前洩漏消息。《太陽報》的發行人史坦．利普西（**Stan Lipsey**），後來擔任《水牛城日報》（*Buffalo News*）的發行人，他解釋說：「沒有華倫，就沒有這篇報導，也就不會得到普立茲獎。這都是他的構想，他告訴我們有關九九〇表格的事情，然後他分析出『男孩之家』擁有的龐大金額，總數為二億一千九百萬美元。」

後來「男孩之家」重新獲得大眾的信任，而且擴大成為「女孩與男孩之家」，在全美國有十九個地點，至今仍然是照顧遭受虐待及棄養孩童的主要機構。

雖然他一生都參與報紙事業，不過巴菲特認為跟記者打交道風險很大：

「如果記者存心不良，除了暗殺之外，基本上沒有其他人能夠像記者一樣，對你造成這麼嚴重的傷害。醫生造成的傷害有時候也很嚴重，不過醫生沒事不會主動來害你。」

有一次因為「上流之路」（Lifestyles of the Rich and Famous）這個電視節目，造成他對於媒體的誤解。巴菲特出現在羅賓．里奇（Robin Leach）的節目中，令朋友感到訝異，因為炫耀財富並非巴菲特的習性。

據說巴菲特告訴朋友說：「我跟你一樣嚇一跳，羅賓．里奇從來沒有跟我打過招呼，甚至沒有人邀請我們上節目。突然之間，我們就出現在節目中。」

里奇提出質疑說：「巴菲特絕對知道我們在做什麼，這不是坐下來正式訪問，但是有得到他許可。所以我們打廣告說這是獨家訪問，確實如此。」

附註：實際上是奧瑪哈的寶霞珠寶店邀請「上流之路」，在波克夏海瑟威召開股東年會之前的星期天，拍攝百達斐麗（Patek Phillipe）的展覽。巴菲特同意在展覽場上接受羅賓．里奇採訪，攝影小組從來沒有去他家，巴菲特也不知道這個節目設計他。

給華爾街日報的信

二〇〇三年八月十五日，《華爾街日報》（*The Wall Street Journal*）刊登五頁有關巴菲特參與阿諾．史瓦辛格競選加州州長的新聞報導。這則新聞暗示巴菲特覺得加州應該提高財產稅，向奧瑪哈看齊。實際上，巴菲特的意思是加州的財產稅經常變動又不公平。這則新聞傳達錯誤的訊息，在全世界不斷報導。巴菲特對此很不高興，因此寫了一封信給《華爾街日報》的執行總編保羅．史泰格（Paul E. Steiger）。

親愛的史泰格先生：

《華爾街日報》八月十五日刊載貴報記者訪問本人一文，有關本人參與阿諾．史瓦辛格競選活動，內容嚴重誤導，引起廣泛的反應。關於此事至今始克函復，種種理由容我稍後說明。

貴報以頭版頭條新聞刊登該文，第一段討論加州稅務。這也很公允，因為稅務確實是競選的主要議題。

本人接受貴報記者喬．哈利南（Joe Hallinan）訪問時，我先請他錄音，他回答說錄音機壞了。因此，要證實我所說的是否確實，你必須參考他的筆記。我想你不可能找到不符之處，因為我所說的重要數字，他有請我再三確認。

關於財產稅，我說的很明確。我以三棟房子跟他舉例說明，二棟在拉古納海灘（Laguna Beach），一棟在奧瑪哈。拉古納海灘第一棟房子是我在一九七〇年代初期買的，目前市場行情價大約四百萬美元，由於第十三號提案的限制，所以二〇〇三年的財產稅只有二千二百六十四美元，二〇〇二年也只有二千二百四十一美元。第二棟房子位於第一棟的後面，是我在一九九〇年代中期買的，市價大約二百萬美元，只是因為購買時間較晚，所以二〇〇三年的財產稅要一萬二千零二美元，二〇〇二年為一萬一千八百八十七美元。我跟哈利南說，這些數字表示第二棟房子的稅率幾乎是第一棟房子的十倍，雖然地段一樣，屋主一樣，繳稅的能力也一樣。

然後我提到我在奧瑪哈的房子，我認為價值大約五十萬美元（不過也有人估價六十九萬美元）。二〇〇三年的財產稅要一萬四千四百零一美元，二〇〇二年為一萬二千四百八十一美元。

我很滿意我們的談話，根據我所舉的例子，哈利南了解兩個重點，而且並不複雜：

1. 加州的住宅房屋稅有很大的差異，主要是看購買日期，而不是財產的價值或是屋主的財務狀況。
2. 如果屋主長期擁有房屋，奧瑪哈的房屋稅比加州高得多。

如同報導的一樣，接著我就說：從財產稅我們可以得到某些結論。就算我的文法造句不佳，即使如此，以上二點顯然是我關於財產稅的意見。

不過，報導中沒有提到我在拉古納的第二棟房子，也沒有提到加州內部的稅制不公平。相反地，標題、報導內文與引言顯得好像我只是談論奧瑪哈與加州在稅務上的差異。

這樣的斷章取義很難令人理解。假設記者問候選人一個財務問題，得到這樣的回答：「結論是，支出增加一〇%，賦稅降低一〇%。」如果記者只引用這句話中有關稅的部分，說這就是結論，那麼就是嚴重誤導讀者。

幾天後，貴報的社論版說報導中的數字是正確而完整的，使得這篇文章造成的後果更加惡化。如果社論的執筆人完整看完我的觀點，雖然許多意見無疑還是一樣，如果他真的了解我那兩個重點，至少他的分析會有點不同。例如，社論第二段「奇哥（Chico）地區的非億萬富豪會感激巴菲特先生對他們現金流量的慷慨行為」，如果執筆人了解我是在批評加州內部的不公平，這句話就毫無意義。我對於今天在奇哥購買三十萬美元房屋的「非億萬富豪」家庭，確實非常同情，因為比起住在拉古納四百萬房屋非居民的億萬富豪，他們的房屋稅高得太多了。由於第十三號提案，他們等於是在補貼我。

從這篇報導推演出不正確與不完整的結論，貴報的社論不是唯一的媒體。奧瑪哈與拉古納的比較在全世界到處流傳，都說我建議提高加州的財產稅，完全沒有提到我認為應該調整得更公平。我後來跟貴報記者凱文．赫立克（Kevin Helliker）解釋這篇報導誤導的嚴重性，我的辦公室收到哈利南的電子郵件，建議說「我可有興趣再接受一次採訪，以擴大先前的一些觀點。」這位記者提到「擴大」我的觀點，實在是很諷刺，因為他或他的編輯以誤導與不公平的方式將我的觀點斷章取義。如果貴報根本不知道原先的錯誤，再接受一次訪問，當然只會讓問題更加複雜，顯得我在拼湊修改意見，以降低對阿諾造成的政治傷害。這也是為什麼我現在才寫信給你討論稅問題的原因，現在我這樣做不會影響到選舉。由於貴報誤解我的觀點，而且鬧得眾人皆知，我打算將這封信公布在波克夏海瑟威公司的網站上。我經常受邀在新聞課程上演講，我認為這是一個新聞如何犯錯的案例研究。

如果貴報對於這封信有任何回應，我很樂意全文刊登在我們的網站上。如果我將這件事情當作不良的案例，我也會分發給新聞系的學生。貴報如果採用此信，我也希望全文刊登，不要以任何方式斷章取義。

誠摯的 華倫．巴菲特

培養好個性

「習慣都是在不知不覺中養成的，養成之後就很難改。」

個性是可以培養的。巴菲特說，假設你是一名學生，要你挑選班上另外一名同學，以後你可以從他所賺的生活費中抽取一〇％。不過有個條件，你也必須選擇另一名同學，將你所賺的錢給他一〇％：

「有趣的是，你心中所考慮的對象，絕不會是你自己做不到的才能。你不會挑選跳高七英尺、美式足球可以傳球六十五英尺，或是背圓周率到小數點三百位的同學。你考慮的是只有完整人格個性的人。事實上，這些個性每個人都能得到，還是習慣的問題。我以前的老闆葛拉漢，十二歲的時候就寫下其他人值得欽佩的所有特性，以及他發現令人討厭的所有特性。他發現清單中沒有一項是一百碼短跑九．六秒或是跳高七英尺，而是決定你是否能夠成為那種人的特性。」

「跟比你優秀的人交往，你也會變得更好。跟另外一種人交往，你就開始每況愈下。」

相信自己，但別太自戀

巴菲特二十歲時到父親在奧瑪哈的經紀公司上班，有位朋友問說，這家公司是否可叫作「巴菲特與兒子公司」（Buffett & Son），他回答說：「不，應該叫做『巴菲特與父親公司』（Buffett & Father）。」

事實上，巴菲特說：

「我從來不會懷疑自己，我從來不會氣餒。」

「我知道自己會成為富豪，我從來不曾懷疑過。」

一九五六年，巴菲特二十六歲時創設第一家合夥公司，他告訴投資人說：

「我要做的是成立一家合夥公司，我將管理投資組合，將我的錢跟你們的放在一起。我保證給你們五％的報酬率，其餘的利潤我抽二〇％。我不會告訴你們，我們買的是什麼，因為那會分心轉移注意力。我要做的就是打完高爾夫球比賽，交出漂亮的成績單。我不要你們跟著我，看我用三號鐵桿攻上果嶺，接著推桿入洞。」

附註：前面這一段話顯然是他人回想巴菲特所說的話。巴菲特從來沒有保證五％的報酬率。這家合夥公司給予少數合夥人優先分配一定的利潤，然後才輪到巴菲特。

「我心中自有分寸，如果我做的事情別人不喜歡，但是我覺得很好，我就很高興。如果其他人稱讚我做的事情，但是我不滿意，我就覺得不快樂。」

有人問他，其他人避之唯恐不及的公司，他怎麼會有信心投資：

「到頭來，我總是相信自己的眼睛，而不是他人的。」

也許大多數人覺得自己就像是高中時期的巴菲特：

「我不是班上最受歡迎的人，也不是最不受歡迎的人，我就是那種小人物。」

巴菲特從哥倫比亞大學畢業，他要求葛拉漢讓他在葛拉漢紐曼公司工作（沒有薪水）：

「葛拉漢按慣例計算一下價值，然後拒絕了我。」

多年來，巴菲特在波克夏海瑟威公司股東會之前，總是為奧瑪哈皇家棒球隊（Omaha Royals）開球。有一次球賽之前，小孩向他要簽名。他投出軟弱的一球之後，巴菲特說：

「我抬頭看見跟我要簽名的那些小孩，正在把我的簽名擦掉。」

有位記者說巴菲特穿的是廉價的西服，他解釋說：

「我買的是昂貴的西服，只是他們看我很廉價。」

附註：巴菲特一向穿棉布襯衫、便褲與鮮豔的運動上衣，現在也開始注重穿著。他穿的是義大利品牌傑尼亞（Zegna），通常是換季商品。傑尼亞售價大約二千美元。

巴菲特參加奧瑪哈商業名人堂入會儀式時，說他要感謝他的髮型設計師、服裝顧問以及個人訓練師，但是：

「他們看到他們的作品之後，要求我不要說出他們的名字。」

藝術家詹姆斯・奧朗（James Horan）為巴菲特畫了一幅誇張的漫畫，奧瑪哈出版俱樂部為這幅畫揭幕時，巴菲特笑說：

「看起來樣樣都比照鏡子強。」

有一次，巴菲特與內布拉斯加州州長一起表演小喜劇，州長宣布內布拉斯加州樂透彩券的中獎號碼，巴菲特衝上台去，揮舞著票根。州長問巴菲特，得了這筆意外之財要做什麼。興奮的巴菲特結結巴巴地說：「我想買第二套西服。」然後又說：「如果還有剩的話，我想買把梳子。」

巴菲特的事業夥伴查理・孟格，服飾相當時髦，他說：「巴菲特的穿著在商業界造成某種程度的娛樂效果。」

有位股東問巴菲特說，他是否知道自己有多受歡迎，巴菲特回答說：

「也許我應該告訴我的理髮師，然後我們將剪報保留起來。」

選對英雄

有人建議巴菲特，身為大眾英雄，一舉一動都令人矚目：

「我注意我的一舉一動，我沒有那麼令人矚目。」

巴菲特說：「如果選對了英雄，你的一生都很幸運。我建議各位，儘可能選幾位英雄。沒有什麼比選對英雄更有意義。」

巴菲特心目中的英雄，包括他的父親霍華、參議員巴拉克·歐巴馬（**Barak Obama**，編按：二〇〇八年時任聯邦參議員，二〇〇九年至二〇一七年擔任美國總統）、作家菲爾·費雪（**Phil Fisher**）、比爾·蓋茲與他的師父葛拉漢。為什麼呢？

霍華·何曼·巴菲特

「他教我不要做出可能會刊登在報紙頭條的事情，我不知道還有誰比我父親更好。」

巴菲特的母親解釋這對父子的關係：「華倫與父親一直是最好的朋友，父親是華倫心目中的英雄，霍華是很好的丈夫與父親。他從來都不會處罰小孩，他的方法就是講道理與說服。」

巴菲特回想有一次老家舉行棒球比賽，當時他父親剛參與一場不受歡迎的眾議員選戰，當球場介紹巴菲特議員時，觀眾發出噓聲。「他就是很能接受這種事情，他並不期望世界能在一夜之間改變。」

巴菲特的父親是堅定的共和黨員，也是約翰伯奇會（John Birch Society）的會員。老巴菲特對於美國在世界上的角色，有自己堅定的觀點。霍華．巴菲特曾經在國會演講說：

「美國的武力尚未強大到足以擔任世界警察，即使這是值得嚮往的。如果想要擔任世界警察，那麼自由的福祉將會被專制高壓政治所取代。我們不能用金錢與槍砲，將我們的基督教觀念輸出給其他國家。拿撒勒木匠教給我們的方法，是用說服與身體力行，如果我們信仰基督教義，我們應該以他的方法去散播我們的觀念。」

華倫最後放棄保守的政見：

「我成為民主黨員，基本上是因為民主黨比較接近我在六十年代初期對於民權的看法。我投票看人不看黨，但是投給民主黨的可能比共和黨的多。」

「我有點像是製造部門的共和黨人，又有點像是配銷部門的民主黨人。」

歐巴馬參議員

「我對他很有信心，我很少會這樣，他跟我看過的許多人一樣有潛力，他的一生將對美國有重大影響。」

菲爾·費雪

現代投資管理理論的開路先鋒之一，著有《非常潛力股》（*Common Stocks and Uncommon Profits*）與《保守型投資者夜夜安寢》（*Conservative Investors Sleep Well*）。

巴菲特說他自己是八五%的葛拉漢與一五%的費雪。

「從他我學到『口耳相傳』（scuttlebutt）的價值：出去跟競爭對手、供應廠商、顧客談談，找出產業或是企業到底是怎樣運作的。」

附註：費雪的兒子肯尼士（Kenneth）為《富比世》寫專欄。

比爾．蓋茲

「我無法評論他的技術能力，但是我認為他的商業手腕是一流的。如果比爾一開始是賣熱狗，他一定會成為全世界的熱狗大王。他做什麼都很厲害，他做我這一行也會不錯，但是我做他那一行就不行。」

電腦軟體業的變動很大，至於蓋茲與微軟的未來將如何，巴菲特說：

「我還是賭他，還沒有人因為賭他而虧損。」

附註：巴菲特下賭注在蓋茲身上兩次。第一次，他邀請蓋茲擔任波克夏海瑟威的董事；然後將大筆財富交給比爾暨梅琳達蓋茲基金會。

班傑明．葛拉漢

巴菲特說：「葛拉漢是我認識最聰明的人。」

附註：內布拉斯加家具百貨公司創辦人羅絲．布魯金，以及所有的老師，都是巴菲特佩服的人，稍後再詳細敘述。

「也許法國八英畝小葡萄園的葡萄，真的是世界最好的。但是我總是懷疑，人云亦云的因素占大約九九％，真的順口好喝的因素只占一％。」

巴菲特接受CNBC的訪問，記者問：「你有一百五十億美元的現金？」巴菲特回答說：「這個嘛，我現在沒有全部帶在身上。」

分享智慧

比爾．蓋茲向梅琳達．弗蘭奇（Melinda French）求婚時，帶著未婚妻飛到奧瑪哈，在波克夏海瑟威公司所屬的寶霞珠寶店選購訂婚戒指。

巴菲特一向都很厚臉皮地推銷自己的公司，他說：「我不會給你任何建議，但是我在一九五一年買訂婚戒指給我妻子時，花了我所有資產的六％。」蓋茲當時雖然只有三十七歲，但是已經擁有數十億美元。所有資產的六％，相當於五億美元。

巴菲特說他是沒有什麼政治抱負，但是他可以協助公職候選人設定更好的目標。為了解決預算問題，他提出「三％解決方案」，而不是平衡預算修正案：

「制定憲法修正案，規定現任的眾議員與參議員，如果任期內任何一年我國的預算赤字超過國內生產總值的三％，就喪失候選人資格。如果這修正案通過的話，國家利益與國會議員的個人利益立刻就結合。」

巴菲特說，這項計畫對國家有利，因為：

「壓倒個人、公司或是國家的，並非負債本身，而是隨著收入而持續增加的債務，才是問題所在。」

控制國家負債的其他方法已經失敗，因為刪減預算或提高賦稅的官員，下次選民就不會再投票給他。

「具備道德勇氣的人，會要求成員採取降低自己福利的自發行動，大機構就是缺乏這種人。」

不知老之將至

「退休計畫？我死後五到十年再說。」

巴菲特對於年齡的態度，也影響到跟他工作的人：

「我們將他當作我們的瑪土撒拉（Methuselah，譯註：聖經中人物，活到九百六十九歲）。」

巴菲特將可口可樂的管理團隊比喻為常勝的球隊。

「如果你擁有的是一九二七年的洋基隊，你只希望他們長生不死。」

已故的羅絲．布魯金九十四歲時，巴菲特說他不得不廢除一百歲強制退休的規定，讓布魯金太太可以開著電動高爾夫球車到處跑，繼續管理現在已經屬於波克夏海瑟威公司的內布拉斯加家具百貨。

「我的天啊！好的經理人實在難得，只因為年齡增長一歲就讓他們走，這我實在負擔不起。」

「我們發現很難教新狗舊的把戲。但是每年都有傑出表現的員工，並沒有太多的問題。即使他們很有錢，他們還是喜歡所做的工作。我們的經理從來沒有出現大麻煩，我們可以讓他們工作一輩子。」

近年來，巴菲特也開始欣賞年輕人。他邀請微軟的比爾．蓋茲與雅虎的財務長蘇珊．荻克爾（Susan Decker）擔任董事。巴菲特也開始徵求年輕有才幹的人，協助管理波克夏海瑟威的投資事業，而且有可能成為巴菲特的繼任者。

內布拉斯加家具百貨公司的女家長羅絲．布魯金

對巴菲特來說，一百四十八公分高的羅絲．布魯金是奧瑪哈的地標，他建議到奧瑪哈的訪客，務必順道拜訪她。大家都叫她布魯金太太，她創辦龐大又現代的內布拉斯加家具百貨公司。巴菲特跟研究生與其他商學院學生談到她時，總是說她具備常識與工作倫理。布魯金太太從來沒有上過學校，二十三歲時從俄羅斯移民來美國，與她的先生會合。

布魯金太太做生意的座右銘是：便宜賣，說實話。

巴菲特說：「如果她是賣爆米花，我也會想跟她做生意。」巴菲特買下內布拉斯加家具百貨公司，當作自己五十三歲的生日禮物。

布魯金太太說起這故事：「有一天，他進來跟我說：『妳要賣妳的商店嗎？』我說：『好啊！』他說：『妳要賣多少錢！』我說：『六千萬美元。』他去辦公室，回來帶著一張支票。我說：『你瘋了，你的律師在哪裡？你的會計師在哪裡？』他說：『我還比較相信妳呢！』」

後來，盤查存貨之後，實際的價值有八千五百萬美元，但是布魯金太太沒有提高售價。「我不會食言，但是我很訝異。他想都沒想就答應，不過他有下過功夫研究，我跟你打賭，他一定知道。」

巴菲特早就知道布魯金太太打算出售公司，跟她的兒子討論過，跟布魯金太太談的時候希望不要冒犯到她。這筆交易就是一紙合約，沒有審核帳目，沒有財產目錄。全部的法律與會計費用是一千四百美元，這筆投資非常成功。

布魯金太太談起巴菲特：「我認為他是最好的。」

不過，布魯金太太與家人之間爆發爭執。這場爭執在奧瑪哈是熱門新聞，《奧瑪哈世界先鋒報》（*Omaha World-Herald*）巨細靡遺報導每個細節。「她於一九八九年五月三日非常嘔氣地離開內布拉斯加家具百貨公司，聲稱孫子羅納（Ronald）與歐文（Irvin），這兩位也是公司的主管，暗中破壞她在地毯部門的權勢。」其中有位孫子，布魯金太太氣得說他是「希特勒」，這時候全家都非常驚駭。

布魯金太太很快就厭倦坐在家中，一九八九年，她在內布拉斯加家具百貨公司對面開設「家具倉庫」（Furniture Warehouse），面積二萬四千多平方公尺。她這麼做，沒有良心不安。「華倫・巴菲特不是我的朋友。我每年幫他賺進一千五百萬美元，當我跟孫子不和時，他沒有挺身而出。」談到她新公司的成功，她說：「我開這家店不是為了錢，而是為了報復。」

布魯金太太後來跟家人言歸舊好，也原諒巴菲特。她將新商店與四萬四千多平方公尺的土地，以四百九十四萬美元賣給內布拉斯加家具百貨。布魯金太太繼續在店內管理地毯業務，這是交易的條件之一。

布魯金太太談到家庭的紛爭，她說：「也許我期望太高。」經營倉庫是沈重的壓力，她賣掉是因為兒子求她不要工作得太辛苦。

她說：「所以我就賣掉了，五百萬美元。他們付我現金，沒有賒帳，我愛我的兒子。」巴菲特說：「我寧願跟灰熊角力，也不願跟布魯金太太與她的子孫競爭。」

巴菲特承認從這事件學到重要的教訓。第二次併購的時候，他要求布魯金太太簽署終身不再與之競爭的條款，以彌補十年前購買內布拉斯加家具百貨合約上的瑕疵。「我當時太年輕，經驗不足，」六十二歲的巴菲特說。

一九八七年，在奧瑪哈出版俱樂部的表演會上，巴菲特借用「共和國戰歌」（Battle Hymn of the Republic）的曲調，為羅絲．布魯金獻唱一首歌曲：

當我們購買美國廣播公司（ABC）時，
以為能賺一大筆錢，
但是我們發現沒這麼容易，
因為這廣播網排名第三。
所以現在波克夏海瑟威的重任，
就落在布魯金太太身上，
她的電動車正在到處跑。

副歌：

榮耀，榮耀，哈雷露亞
讓那些買主來找你。
如果我們有錢，一定是因為你，
她的電動車正在到處跑。

第二節

構想失敗，股價也可能下挫
但是我從來不會感到緊張。
因為無論我的狀況有多糟，
都不可能會失敗。
布魯金太太會拯救我，
只要她再舉行一次特賣會。
她的電動車正在到處跑。

第三節

《富比世》每年做排行榜，
或許認為我很聰明能幹。
其實我只是小齒輪，
真正推動前進的另有他人。
沒有布魯金太太，

我將永遠是小青蛙。

她的電動車正在到處跑。

羅絲・布魯金於一九九八年逝世，享年一百零四歲。

2 關於朋友

「巴菲特這麼快活，有個原因是他不必記住他說過的話。」

——查理・孟格

「我有六位親密好友，一半男性，一半女性，相處甚歡。我喜歡他們，敬佩他們，彼此沒有隔閡。」

巴菲特如何定義友誼？

「我記得向一位女士問過這問題，她是奧斯維茲（Auschwitz）集中營的倖存者。她說她的測試方法是，『他們會協助我藏起來嗎？』」

幫好友打破藩籬

「我到奧瑪哈俱樂部吃午飯，這是位於市中心的俱樂部，我發現沒有一位猶太人。有人告訴我：『他們有自己的俱樂部。』有些猶太家庭住在奧瑪哈已經一百年，他們對這社區一直很有貢獻，他們協助建設奧瑪哈，付出跟其他人一樣多，可是他們無法加入這個俱樂部。不過，聯合太平洋鐵路公司（Union Pacific）的中級員工，剛調到這邊來，立刻就可以加入。這實在太不公平。所以我就加入猶太人俱樂部，花了我四個月的時間。他們感到疑惑，所以有點拖延，我必須說服他們。然後我回到奧瑪哈俱樂部，告訴他們說，猶太人俱樂部現在不完全都是猶太人了。我找了兩三位猶太人俱樂部的會員來申請奧瑪哈俱樂部，現在我們已經打破藩籬。」

指點阿諾・史瓦辛格州長

二〇〇三年，巴菲特擔任阿諾・史瓦辛格競選加州州長的財務顧問，演員阿諾是前世界先生，也是共和黨員，這件事情在政壇上掀起很大的風波，因為巴菲特通常是投票給民主黨。畢竟，二〇〇〇年總統大選，他是支持麻薩諸塞州的參議員約翰・凱瑞（John Kerry）。

當時加州的預算赤字為三百八十億美元，還有能源危機，部分原因要歸咎於安隆（Enron）公司操控市場。巴菲特解釋說：

「我認識阿諾多年，知道他會是一個好州長。對全國其他地方來說，加州能夠解決經濟危機是很重要的，我認為阿諾可以做到。」

然後愛開玩笑的巴菲特說：

「阿諾找了一名替身演員，連瑪莉亞（阿諾的妻子）都無法分辨。」

阿諾說：「華倫幫我組織一個世界級的團隊，在我面對加州企業、投資人與就業機會創造者時，協助我處理各種問題與挑戰。」

他跟老友巴菲特合作，得到大眾的喝采，認為是神來一筆，但也使得他跟布希總統疏遠，而布希在加州總是不受歡迎。不過，這個結盟很快就遭遇麻煩，像是《華爾街日報》所做的誤導報導。

雖然有些小差錯，阿諾還是當選州長，並且於二〇〇六年連任。巴菲特與夥伴孟格支持阿諾，部分原因是阿諾承諾要改革勞工保險。勞工保險一直是保險業的詛咒。一九九七年到二〇〇三年，保險業者的勞工保險費用增加了三倍。阿諾就任前六個月，努力處理好勞工保險。透過他推動的法律，保險業者的費用在二〇〇三年到二〇〇六年之間減少了八十一億美元。企業支付的保險費也降低了四七%。

建立終身的友誼

一九六八年，巴菲特與一群朋友到加州的柯羅納多（Coronado），請他們以前在哥倫比亞大學的教授葛拉漢，就股票市場提供建議。巴菲特研究社（Buffett Group）每隔一年繼續聚會一次：「他們當時家境都不錯，現在也都是富翁。他們沒有發明聯邦快遞之類的東西。他們只是走出第一步，其他葛拉漢都搞定了，就這麼簡單。」

附註：節儉的巴菲特本來是建議他們找一家「假日旅館」（Holiday Inn）就好，但是這群人住的是位於海灘的高級旅館柯羅納多旅館（Hotel del Coronado）。

查理．孟格

查理．孟格，現年八十三歲（編按：孟格生於一九二四年，二〇二二年已高齡九十八歲），是巴菲特最好的朋友，也是事業上的夥伴。孟格跟巴菲特一樣，是在奧瑪哈長大的，年輕的時候在巴菲特祖父歐尼斯特（Ernest）的雜貨店工作。

孟格說：「在巴菲特家的商店工作，對於做生意是很好的入門。必須長時間努力做好工作，讓許多年輕人，包括我（以及歐尼斯特的孫子華倫）在內，都去尋找較輕鬆的工作，即使遇到挫折也能坦然度過。」

孟格比巴菲特大七歲，所以兩人成年之後才認識。巴菲特叫孟格「二重身」（doppelganger，譯註：德語的意思是「二人同行」，是指隱藏在每個人心靈中，另一個看不見的自我），不過這樣的描述還不夠。孟格雖然沒有大學文憑，不過他曾經獲得哈佛法學院的入學許可；巴菲特則是申請哈佛商學院被拒。孟格是共和黨，對於慈善機構向來慷慨解囊，包括英國反飢餓組織與樂施會（Oxfam）。巴菲特則是民主黨，也樂善好施，但是希望由他已故的妻子蘇西來處理大部分的慈善事業。

孟格跟巴菲特不同的是，他對於葛拉漢的投資哲學不是特別推崇。不過，巴菲特說：「查理對我的影響很大。」

孟格解釋他們的協力合作：「從事複雜工作的人都需要同事，光是將你的想法跟其他人溝通，就是很有用的訓練。」

他們有一位友人說，巴菲特擅長說不，而孟格比較好一點。巴菲特說他的朋友是「令人討厭的老是說不的人」。可以確定的是，孟格的回答簡短。「查理不是按字計酬的，」巴菲特解釋說。

巴菲特又宣稱：「查理跟我可以透過電話，只要嗯哼三聲，就可以處理四頁的備忘錄。」

巴菲特描述他的朋友，在景氣好的年代是他的資淺夥伴，在景氣不好的年代是他的資深夥伴，不過這只是說說而已。「查理很理性，非常理性。他不像我，從來不會將自我意識全神貫注在事業上，但是他也非常了解這點。基本上，我們從來不爭吵，不過偶爾也有意見不同的時候。」

此外：「查理有全世界最敏捷的心思，他一下子就從頭到尾想得很透徹。你一句話還沒說完，他已經掌握重點。」

巴菲特說，當個成功的投資家，不一定要像火箭科學家那麼精明，不過以孟格的估計，巴菲特是相當聰明的：「他的腦袋非常理性，由於他善於表達，你可以看見他的腦袋在運作。」

孟格說巴菲特私底下是什麼樣的人，在公眾面前就是什麼樣的人：「巴菲特這麼快活，有個原因是他不必記住他說過的話。」

孟格說他從來不記得巴菲特發過脾氣：「即使我帶他去明尼蘇達州釣魚，打翻了小船，害得他必須游泳上岸，他還是沒有對我發飆。」

孟格對投資人有很好的建議：「個人投資有很多優點，只要坐著就可以進行很棒的投資，付給經紀商的錢比較少，也不必聽一些廢話。」

波克夏海瑟威公司投資一家企業之前，孟格希望不只是預測這家公司前景不錯而已。預測往往靠不住：「預測往往是對於特定結果有興趣的人拼湊出來的，在潛意識中已經偏頗，表面上的精確更顯得這些預測是靠不住的。這讓我想起馬克・吐溫（Mark

Twain）說過的話：『所謂礦坑是說謊者在地上擁有的一個洞。』在美國，預測往往是謊言，雖然不是有意說謊，卻是最糟糕的謊言，因為做出預測的人往往相信自己。」

孟格說，多頭市場會讓投資人沖昏了頭：「假設你是池塘中的鴨子，下了大雨，池水上漲，你開始跟著上漲。但是你認為是你在上漲，不是池水上漲。」

有人問孟格會不會彈鋼琴，他說：「不知道，我沒試過。」

孟格說他跟巴菲特想法非常相似，有時令人感到毛骨悚然。不過，他們的差異有些很顯著。他說：「我這一生，沒有人說我謙卑。雖然謙卑是我非常欽佩的品行，但是我不覺得我很謙卑。」

3 關於家庭

「我的小孩現在就得到不少好處，但是他們不會過著富豪的生活。」

——華倫·巴菲特

先澄清一點，華倫·巴菲特與演唱「瑪格麗特村」（Margaritaville）的名歌手吉米·巴菲特（Jimmy Buffett）可能沒有親戚關係。如果有的話，也是一表三千里，沒有人可以找出他們的親屬關係。但是，吉米是波克夏海瑟威公司的投資人，這是他們僅有的關係。

過去十年來，巴菲特生活最大的改變是發生在他的家庭。他的妻子蘇西一直為口腔癌所苦，突然因為中風而過世。兩年後，巴菲特與他的伴侶艾絲翠·孟克斯（Astrid

Menks）結婚。似乎很自然地，他的子女決定積極加強個人在這世界上的角色。巴菲特的子孫想到他們是世界上最幸運的人，應該如何表現自己，現在有比較明顯的想法了。

雖然無法以簡單的名詞來描述年輕一輩的巴菲特家人，不過我盡量試看看。蘇莉很有可能接管內布拉斯加的老家；霍華是能夠守財的國際環境保護者，應該會繼承波克夏海瑟威公司；彼得喜歡音樂，是很有創意的夢想家。

絕不寵壞小孩

孟格解釋巴菲特關於家庭的態度：「華倫對子女就跟對員工一樣嚴格。他才不相信，如果你愛某人，對他好的方式就是給他沒有的東西。這也是巴菲特的個性。」

「我們的孩子都很棒。但是我認為，孩子擁有一切的優勢，像是良好的成長環境與受教育的機會，包括在家庭中的學習，那麼給他們太多金錢，既不正確也不合理。給小孩太多錢，反而害了他們。」

巴菲特說繼承的財富是「富人的食品券」（food stamp，譯註：食品券是美國為低收入家庭發放購買食品的票券）。

「所有的人都認為，食品券使人頹廢不振，而且導致惡性循環的貧窮，給孩子留下許多錢，就跟給他們食品券一樣。」

長子霍華解釋說：「如果有人認為我爸爸不聰明的話，聽好，他開始給我們零用錢的時候，就在閣樓放置一台吃角子老虎，我們會上去玩，他將給我們的零用錢都贏回去。玩了十年，我從來就沒有碰過三個西瓜排成一列。」

傳說巴菲特將子女從遺囑中除名，這是不正確的：

「他們現在就得到不少好處，但是他們不會過著富豪的生活。我認為他們可能對於成長過程覺得很好，他們都身心健康，獨立自主，他們也沒有必要對我巴結奉承。」

瑪麗．巴菲特（Mary Buffett，編按：巴菲特的前媳婦）在她所寫的《巴菲特原則》（*Buffettology*，一九九七年）一書中，描述耶誕節的早晨，華倫在襪子裡塞著他覺得前景不錯的公司的股票，價值一萬美元。做父親的巴菲特要求大家要善用這筆錢，建立自己的投資組合。

巴菲特向一群大學生解釋他的家庭哲學之後，承認說：

「我的小孩一定很高興下星期來這裡反駁我所說的。」

蘇莉．巴菲特的反應是：「事實上，留給我們這麼多錢，真的會讓人精神錯亂。」

巴菲特認為他養育小孩的方式，帶來很好的結果：

「他們都有自己的方式完成許多事情，他們能夠自食其力，他們並不期望只是某位富豪的孩子。」

巴菲特的兒子霍華在奧瑪哈競選郡長時，選民都以為他的選舉活動一定經費充裕。

相反地，巴菲特說：

「我要求他用小寫字體拼他的名字，讓每個人知道，他是沒有資金（譯註：without capital也有非大寫字母的意思）的巴菲特。」

附註：霍華於一九八九年至一九九二年獲選為道格拉斯（Douglas）的郡長。

霍華從加州大學厄文分校（University of California, Irvine）退學之後，巴菲特給他一個機會，讓他在喜思糖果公司上班，霍華在這裡遇到他未來的妻子迪文（Devon）。

以下這則是《傑出投資人文摘》（*Outstanding Investor Digest*）訪問巴菲特的朋友，超級投資人華特．許羅斯（Walter Schloss）的報導：

記者問道：「我們知道，彼得．奇威特（Peter Kiewit）的父親想法跟巴菲特一樣，認為留下遺產，反而會害了子女。」

「我們回想起，小彼得．奇威特的父親死後多年，他意外收到一筆幾百萬美元的遺產。這筆錢跟他父親的資產以及他自己的成就相比，實在是微不足道，他說這讓他覺得，好像他的父親在墳墓裡還在掌權。」

附註：彼得．奇威特生前是奧瑪哈最有錢也是最有名望的市民。巴菲特的辦公室就在奇威特廣場。

巴菲特的子女有一天很可能繼承父親的財富。巴菲特在波克夏海瑟威以外的個人投資也相當龐大，沒有人知道他真正的淨值有多少。

「我買下波克夏海瑟威時，所有的現金還不到一百萬美元。此後幾年我是做了幾筆不錯的投資，像是固定收入的套利，也賣掉從波克夏海瑟威分出來的銀行的股利。」

巴菲特的子女

蘇珊．愛麗絲．巴菲特（Susan Alice Buffett，小蘇莉）

小蘇莉在許多方面是很典型的：「小時候每天晚上父親哄我入睡，唱著『彩虹曲』

（Somewhere over the Rainbow）。我從來沒有懷疑，在彩虹的盡頭真的有一大堆金子。」

她當然也不了解，她有個不平凡的父親：「多年來，我甚至不知道他做什麼。在學校有人問我父親是做什麼的，我說是證券分析師（security analyst），他們還以為是檢查警報系統的。」

即使巴菲特出名了，蘇莉說他還是像平常人一樣。「我父親最高興的就是待在家中，看書，玩橋牌，以及跟我們聊天。他跟你所遇見的平常人一樣。」

談到他對投資的態度，「這對他是場大遊戲，金錢只是他勝利的成績。他很少花什麼錢，車子與衣服都是用到破舊才換新的。」

蘇莉，五十四歲（編按：生於一九五三年，二〇二二年六十八歲），離婚，有二名子女，住在奧瑪哈，跟父親相距只有幾條街。雖然一般人認為她是一名主婦，不過她也參與幾家小企業的經營，包括一家編織店以及一家提供波克夏海瑟威商標的公司。她喜歡裁縫、縫被子與編織。她經常協助父親處理公司的康樂活動，陪伴父親旅行。儘管如此，蘇莉到波克夏海瑟威的珠寶店換東西，也跟其他顧客一樣在櫃檯前排隊。巴菲特的家人都是這樣的。

多年來，大眾對於她個人財富有個錯誤的印象，這令她很沮喪，尤其是當她被要求樂捐的時候。「他們不了解，我開一張二十美元的支票給我爸，他馬上就去兌現。如果我現在有二千美元的話，我就去付清信用卡欠帳。」

這個狀況逐漸改變，首先是巴菲特成立「薛伍德信託基金」（Sherwood Trust，以俠盜羅賓漢的森林為名），每年存入五十萬美元，讓子女與他的女友艾絲翠．孟克斯，可以自己樂捐，不必經過他開支票。最後，華倫與已故的妻子為每位子女成立慈善基金會。二〇〇六年，巴菲特擴大每位子女的基金會。

巴菲特擴大基金會時，寫信給蘇莉：

「我跟媽為妳成立這基金會，我很驕傲妳管理基金會的方式。妳的想法很好，妳協助不幸的人比我們家的人更有效率。」

蘇莉的基金會比起蓋茲基金會來得小。二〇〇六年，蘇珊巴菲特基金會（Susan A. Buffett Foundation）的資產有一億一千八百萬美元。這基金會最後會從老蘇西的資產中再獲得五百億美元。然後華倫給每位子女的基金會三十五萬股的波克夏海瑟威公司B股股票，二〇〇六年六月的股價為三千零四十七美元，這表示蘇莉最後會有超過十五億美元來做慈善事業。

巴菲特捐款給子女時，回想起泰德・透納（Ted Turner）捐一大筆錢給聯合國時還發抖的故事。巴菲特說他撥款給子女的基金會時，沒有這方面的問題。

「簽名時很容易，我就簽『爹』。」

巴菲特很高興讓子女自己對金錢做決策。

「我認為他們在地面上所做的判斷，一定比躺在地底下六英尺深的我來得好。」

蘇莉要如何用這筆錢？她一直從事志工，很可能繼續做這方面的工作。蘇莉主持在奧瑪哈市中心興建羅絲布魯金戲院的工作。她跟父母親都支持生育權與家庭計畫組織，像是「內布拉斯加計畫生育」（Planned Parenthood of Nebraska-Council Bluffs），她也在「女孩協會」（Girls Inc.）工作。蘇莉將重心放在內布拉斯加州，資助聖西西利亞（St. Cecilia's）小學天花板修復、基督教城市教育（Christian Urban Education）、鄉村社區教會（Countryside Community Church）、特殊奧運會，以及養育照顧補助。

霍華・葛拉漢・巴菲特（Howard Graham Buffett）

巴菲特的長子，以他生命中最重要的兩個模範角色來命名。一是父親霍華，另一個是老師兼師父班傑明・葛拉漢。這不僅表現出華倫對這兩位重要人物的感情與尊敬，也隱含對兒子的期望。

霍華跟他的姊姊、弟弟一樣，大學都沒畢業，不過他還是最可能繼承華倫的人，股東都注意著他。霍華是巴菲特子女之中，唯一擔任波克夏董事的人；更重要的是，他已經被指定在華倫無法繼續執行業務時，繼任為波克夏的董事長。

霍華顯然已經準備好接掌父親的工作。他曾任康尼格拉食品公司（ConAgra Foods）的副總裁兼董事長助理，也是現任的董事。之前擔任阿徹丹尼爾斯米德蘭公司（Archer Daniels Midland Company，簡稱ＡＤＭ）的董事，發生一次操縱價格的醜聞之後離開，不過他並沒有涉及那件醜聞。他曾是林賽製造公司（Lindsay Manufacturing）董事長，林賽公司總部設於奧瑪哈，生產農業灌溉與控制等設備。他曾經取代父親，出任可口可樂公司的董事。波克夏公司擁有許多可口可樂公司的股票，並且打算永久持有。霍華後來辭去可口可樂董事一職。

霍華與妻子迪文都是道地的中西部人，他們育有五名子女，住在伊利諾州狄卡特（**Decatur**）附近占地八百五十英畝的玉米與黃豆田。

霍華．巴菲特宣稱自己是共和黨人，讓一些保守人士差點嗆到。「即使霍華．巴菲特是共和黨人，也不見得他自己的霍華巴菲特基金會（**Howard G. Buffett Foundation**）就會贊助任何共和黨人或是保守的議題。」

霍華的慈善捐助大多是針對環保。一談到對自然資源與野生動物的保護，他就很興奮。他拍攝的大自然照片，曾獲《國家地理雜誌》（*National Geographic*）刊載，也出版過六本攝影集。他協助位於南非的「保護自然基金會」（**Nature Conservation Trust**）成立，並且擔任「美洲獅基金會」（**Cougar Fund**）董事，該基金會保護美國的山獅。不過，霍華大多專注於國際事務，而不是國內。例如，每年的國家地理雜誌巴菲特獎頒贈二萬五千美元，給促進南非與東非自然保護有功的人。

霍華巴菲特基金會成立於一九九九年，資產一億三千萬美元，二〇〇六年他的父親又給予十億美元。他母親的遺產處理好之後，基金會的資產還會再增加。二〇〇五年，霍華捐贈六百萬美元給慈善機構，使得該年度他捐贈的總額激增到五千五百萬美元。

雖然他過去積極從事保護獵豹、禿鷹、非洲大猩猩與中國的貓熊等野生動物，不過現在已經有改變。他的注意力轉移到人口非法交易，以及動植物與環境生存壓力沉重地區的人民，包括美墨邊界與非洲達佛（Darfur）地區的民族。霍華解釋說：「我終於發現，除非先照顧好人的問題，否則無法保護自然的工作。有位朋友對我說：『你不能為了拯救一棵樹，卻讓人餓死。』」

彼得・安德魯・巴菲特（Peter Andrew Buffett）

彼得，四十九歲（編按：彼得一九五八年生，二〇二二年已屆六十四歲），是巴菲特最小的子女，也是最放蕩不羈的，繼承母親的音樂天賦，也相當活躍。他是「新世紀音樂」（New Age music）的鍵盤手與作曲家，作品大多是著名電影的配樂與廣告歌曲。彼得跟那拉達（Narada）、史詩（Epic）、好萊塢（Hollywood）等唱片公司簽約，製作的音樂可說是充滿能量，有種流動前進的感覺。有人形容質感像是貓，彼得承認譜曲時有隻貓在他的錄音室晃盪。他為電影《與狼共舞》（*Dances with Wolves*）與《真愛一生》（*The Scarlet Letter*）配樂，他創作的「心靈深處」（Spirit），受到美洲原住民音樂舞蹈的啟發，表現出原住民的才華，公共電視台募款採用這首曲子，華府的史密森尼美洲原住民博物館開幕時，也播放這首歌曲。

彼得與第二任妻子珍妮佛（Jennifer）住在密爾瓦基（Milwaukee），二〇〇五年搬到紐約。第一任妻子瑪麗，以巴菲特家族一員輯錄投資要訣，與大衛・克拉克（David Clark）合著《巴菲特原則》與《巴菲特之道》（*The Tao of Buffett*）。

彼得成立心靈深處基金會（Spirit Foundation）開始從事慈善事業，後來改名為諾瓦基金會（NoVo Foundation），NoVo這個拉丁字的意思為「改變、修改、創造」。跟其他巴菲特基金會一樣，彼得的諾瓦基金會從母親的財產獲得五千萬美元，二〇〇六年，父親又贈與一百萬美元，彼得的慈善捐款可望倍增。不過，基金會可能需要二十年的時間，才能收到所有的錢。

雖然華倫的捐款是為了慈善用途，不過彼得與珍妮佛每星期在諾瓦基金會工作三十個小時，每年的收入四萬美元。除了他們的薪水，諾瓦基金會的行政費用二〇〇五年只有三十萬八千四百九十八美元，以這樣的規模而論算是很少的。

二〇〇六年，彼得與珍妮佛捐款一千零七十萬美元給八十八家慈善機構，主要對象是美洲原住民。有一小筆捐款是協助加拿大一個印地安人部落，從瑞典買回圖騰柱。每年彼得與霍華的基金會一起頒贈二萬五千美元的巴菲特獎，給具備卓越領導才華的美洲原住民。珍妮佛・海爾（Jennifer Heils）來自舊式的工業家庭，彼得與珍妮佛在密爾瓦基地區專門從事孩童照顧中心、幼兒教育，以及為低收入戶做好家庭計畫。跟其他巴菲特基金會一樣，諾瓦基金會的工作不是每個人都喜歡。諾瓦基金會協助「雨林活動網路」（Forest Action Network）募款，該組織對「家得寶」（Home Depot）施壓，阻止銷售砍伐雨林所製造的產品，因此深受保守人士的抨擊。

其他人怎麼說華倫・巴菲特

阿諾・史瓦辛格州長

「華倫以平常的方法處理商業的問題，卻又非常正直，無人可比。我處理政務也是一樣。華倫總是有什麼就說什麼。」

威廉・安格爾醫生（William Angle）

安格爾醫生是奧瑪哈「巴菲特百萬富翁」中的一人，他是早期的投資人，一九五〇年代跟著巴菲特投資一萬多美元。到了一九九〇年代初期，已經成長到一億美元以上。安格爾幾年前過世，但是他的家人仍然擁有股份。

「華倫看起來很好相處，但是虧損的話就會讓他火冒三丈，因為他喜歡贏。他喜歡這遊戲，結果就是錢，當然不是要花掉，而是要累積起來。」

華特．許羅斯

巴菲特就讀哥倫比亞大學時認識華特．許羅斯，然後兩個人都在葛拉漢紐曼公司工作，許羅斯後來離開，自己開設投資公司。巴菲特叫他「葛拉漢與陶德的超級投資人」（The Super Investors of Graham & Doddsville）。許羅斯回想年輕時的巴菲特：

「巴菲特個性迷人的原因之一，是他非常有幽默感，還有很多精采的故事。但是他年輕時非常害羞，他想要克服，所以參加卡內基課程。」

「一九六一年或一九六二年，我看見他參加扶輪社的活動，發表一篇精采的演講，最後要求大家捐款。他是最年輕的會員，演講非常有趣，真希望當時帶著錄音機，確實很棒。」

談到波克夏海瑟威的高股價，許羅斯說讓股價顯得突出，比起其他營收與資產相當的公司要來得高，這個手法要比增加波克夏的股數來得高明。

「一般人買股票沒有考慮到公司的市場價值，他們只是看到每股的價格，而不是看到公司的價值。」

菲利普・卡瑞

約翰・崔恩（John Train）在《新股市大亨》（*The New Money Masters*）一書中，說卡瑞是成功的長期投資人之一。卡瑞直到過世之前，很少錯過波克夏的股東年會。他談起巴菲特，說：

「他是我的朋友，他比我聰明，從投資通用食品公司（General Foods Corporation）可以證明。當時通用食品公司龐大笨拙，賣的大多是咖啡。波克夏海瑟威公司買通用食品的股票時，我對自己說：『華倫這次可錯了；我注意到這次交易時股價是六十美元。幾個月之後，漲到一百二十美元，哈，哈，哈！』」（卡瑞說起這類的故事，喉嚨深處就會發出咯咯的笑聲。所有人的看法完全錯誤時，他特別喜歡說這一類的故事）。卡瑞著有《投機的藝術》（*The Art of Speculation*），是公認的投資經典之作。

比爾・蓋茲

蓋茲的母親邀請巴菲特來野餐，打算介紹兒子跟巴菲特認識，兩人正在角逐全美首富的頭銜。蓋茲猶豫不決，認為巴菲特整天做投資沒做什麼事情，跟他沒什麼可談的。後來聽說《華盛頓郵報》（*Washington Post*）前發行人凱瑟琳・葛蘭姆也會參加，就決定去看看。

蓋茲與巴菲特見了面，兩人一見如故，無話不談。巴菲特參加蓋茲在夏威夷的婚禮，後來華倫與蘇珊・巴菲特陪同蓋茲去中國旅行。雖然蓋茲描述他們的談話是「坦承而且不完全是針鋒相對的」，不過他們確實對於數字「偶爾有所爭執」。

蓋茲說巴菲特曾經挑戰他擲骰子遊戲，使用四個不一樣的骰子，每一面的數字從〇到十二任意搭配。巴菲特建議每個人選擇一個骰子，另外兩個棄而不用。每次擲出的數字較高的贏，他們要賭誰能贏對方比較多次。巴菲特說蓋茲可以先挑，這個建議立刻引起蓋茲的好奇。他要求檢查骰子，然後請巴菲特先挑。

蓋茲說：「骰子的數字搭配相當聰明，所以無法立刻看出這些骰子其實是循環相剋的。數學的遞移性，也就是說如果A勝過B，B勝過C，那麼A就勝過C，在此無法適用。這四個骰子，每個勝率都會比其中一個高，A平均每十七次有十一次可以勝過B，幾乎是三分之二的機率。B也以相同的機率勝過C，C又以十七分之十一的機率勝過D。聽起來好像不太可能，但是D能以相同的機率勝過A。」

約翰．崔恩，《新股市大亨》作者

崔恩提到巴菲特：「夠專業，他從事禿鷹的行業，但是他是那種興高采烈的禿鷹。」

傑克．貝恩（Jack Byrne），蓋可公司前董事長

貝恩跟一群高爾夫球友在加州卵石灘（Pebble Beach）打球，他們起鬨要跟巴菲特打賭。未來三天如果巴菲特有一桿進洞，他們就給巴菲特二萬美元，否則巴菲特就輸十美元。每個人都同意這賭注，只有巴菲特不同意。

貝恩說：「我們都來哄他下注，畢竟只是十塊錢而已。但是他說考慮過後，覺得這賭注對他不利。他說如果你讓自己在小事上沒有堅持原則，可能遇到大事也就無法堅持原則。」

拉莉・魏謀斯（Lally Weymouth），作家，凱瑟琳・葛蘭姆的女兒

「我認為他成功的祕密是他的好奇心從未衰減。」

查克・哈金斯（Chuck Huggins），喜思糖果老闆

「我跟他談話時，他總是積極樂觀。」

丹尼斯・艾卡特（Dennis Eckart），俄亥俄州國會議員

一九九一年，在所羅門公司政府債券交易案國會聽證會上，艾卡特對於巴菲特的負責任大為讚揚：「戈登・蓋柯（Gordon Gekko）與雪曼・麥考伊（Sherman McCoy）都還在華爾街吃香喝辣，巴菲特先生，去把他們拉下來。」

厄文・卡漢（Irving Kahn），紐約投資經理

卡漢在哥倫比亞大學擔任葛拉漢的助教多年，他最早認識巴菲特就是在哥大。「他現在跟以前差不多，不過當時他是急躁自傲的年輕人，總是忙進忙出的。他精力充沛，跟他說話沒完沒了的，對賺錢非常有野心。」

史伍西・柯茲（Swoozie Kurtz），演員，遠親也是朋友

「許多人以為巴菲特還是奧瑪哈的土包子，他也喜歡讓人這麼以為，其實不然，他是非常精明世故的人。」

安東尼・亞培（Anthony Abbott），奧瑪哈法式小餐館老闆

亞培認為，也許我們按照我們的需求去想像巴菲特：「華倫是個英雄，大家都喜歡簡單的英雄事蹟。當然，其實一點都不簡單。」

跟妻子一起努力

巴菲特溫柔地談起已故妻子蘇珊，曾經這麼說：「她有點像是在流浪，她是自由的精靈。」

一九七七年，蘇西搬到舊金山之後，華倫與蘇西就分居兩地，不過他們沒有離婚，也經常一起旅行，參加家族聚會。蘇西擔任波克夏海瑟威的董事，並且持有二・二%的股份，在她的名下有三十億美元的股票。

二〇〇三年，蘇西診斷出有口腔癌，接受手術與放射線治療。二〇〇四年七月二十九日，她跟華倫到懷俄明州柯蒂（Cody）訪友，發生中風。過世時華倫在醫院相陪。

蘇西的死大大改變了巴菲特。他似乎了解到，人生短暫，轉瞬即逝，即使他自己也是。他開始改變日常生活與工作，也改變後事的安排。

蘇西．巴菲特最小的孩子從高中畢業之後，她就開始到夜總會唱歌。她告訴記者：「我很為自己感到驕傲，因為我最想嘗試的事情就是唱歌，沒有別的。我很驕傲我做到了，不敢相信我做到了。」

蘇西說，她的丈夫鼓勵她去做：「是華倫鼓勵我，他很了解我，他對我說：『蘇西，妳就像是失去工作二十三年的人。現在妳要做什麼？』他知道我要唱歌，但是我又怕得要死。」

巴菲特的動機是什麼？「華倫了解我，他要我有活力。如果你愛某人，你會這樣做。」

友人尤妮絲．丹寧伯格（Eunice Denenberg）說蘇西．巴菲特是：「蘇西是那種舊式的老好人，今天許多人認為這種人已經不存在了。所以他們遇到煩惱的事情，就將自己一些不好的行為歸咎於她。」

蘇西離開奧瑪哈之後，華倫非常哀傷，於是她就聯絡好友艾絲翠．孟克斯，請她幫忙煮些湯給華倫，設法讓華倫高興。艾絲翠是一位迷人的金髮女郎，很快就成為華倫的伴侶兼管家。他們在一起生活二十五年，蘇西過世兩年半後結婚。

巴菲特總是說，等他離開人世之後，財產都交給巴菲特基金會，他希望由蘇西來管理。蘇西過世後，他又有個更好的想法，讓全世界都感到訝異。為了紀念蘇西，他將基金會改名為蘇珊湯普森巴菲特基金會（Susan Thompson Buffett Foundation），並且捐贈價值三十億美元的波克夏海瑟威的B股股票。他們都過世之後，基金會將得到五％的股份。巴菲特也將一些錢給子女的基金會，但是大部分的財產都捐給比爾暨梅琳達蓋茲基金會，使得該基金會成為全世界最大也是最有影響力的慈善機構。

同時全世界也都為華倫失去妻子感到悲傷，許多人看過公共電視查理．羅斯（Charlie Rose）的訪問節目之後，感覺好像認識蘇西。在這節目中，蘇西表達她簡單的生活哲學：「表現出來，專心聆聽，不要說謊，盡力做好，不必在乎結果。」

蘇珊．巴菲特享年七十二歲，全世界最富有女性排名第十七。她的遺產價值二十六億美元。搖滾歌手邦諾（Bono）在她的葬禮上獻唱「永遠年輕」（Forever Young）與「我只要你」（All I Want Is You）。邦諾透過蘇西的慈善工作而認識蘇西，蘇西對於他二〇〇四年的CD「如何拆除原子彈」（How to Dismantle an Atomic Bomb）唱片封套說明文字提供意見，為此他要感謝蘇西。

艾絲翠・孟克斯，巴菲特的第二任妻子

孟克斯與巴菲特對於他們的關係從不多說，不過巴菲特承認，他們兩人與妻子蘇珊的三角關係非比尋常。

巴菲特說：「如果你熟識我們三人，就會了解這樣其實很好。」

當孟克斯還是巴菲特的管家時，她說：「我擁有全世界最美好的一切，我不希望改變什麼。」

有位記者想要貶低她，說她以前當過「餐廳女服務生」或是「晚餐宴會女主人」，據說她的回答是：「聽好，不要將我跟那些女人混為一談。我跟華倫已經十三年（從一九七八年起）。我不是行為不檢點的女人，也不是腦袋空空如也的傻瓜。」

附註：關於這段引言的正確性頗有疑問。孟克斯顯然是被記者誘導而做這樣的回應，以下的故事並沒有反映出她的感覺。事實上，她說她尊敬女服務生，就像她尊敬每個為生活而努力的女性。

二〇〇六年八月三十日，是華倫七十六歲生日，當天下午巴菲特的一些同事收到他的電子郵件，感到有些驚訝。他告訴大家，今天他在辦公室會待到下午。晚上六點，他將跟艾絲翠・孟克斯結婚，但是第二天他將照平常時間回到辦公室工作。

婚禮歷時十五分鐘，簡單隆重。在華倫女兒家舉行，由當地一位法官證婚。婚禮中最奢華的應該就是結婚戒指，在女兒蘇莉的協助下，華倫在寶霞珠寶店（波克夏所屬企業）挑選。比爾・蓋茲也是在這家珠寶店選購梅琳達的戒指。

華倫與艾絲翠二十年的關係正式成為夫妻之後，結婚喜宴在奧瑪哈的「魚骨頭燒烤店」（Bonefish Grill）。

蘇珊湯普森巴菲特基金會

每年在波克夏海瑟威股東會上，會場前面以及戈瑞牛排屋（Gorat's Steak House）前總是有抗議人士舉著墮胎胚胎的海報示威，呼喊著巴菲特一家是兇手的口號，因為他們同情並支持婦女生育權與人口問題。

蘇珊湯普森巴菲特基金會協助「生育權中心」（Center for Reproductive Rights），對抗內布拉斯加禁止所謂「局部生產」（partial birth）墮胎（譯註：懷孕後期的墮胎）。這項活動在二〇〇一年獲得成功，該基金會也資助RU-486「事後避孕丸」，並且提供資金給「美國計畫養育聯盟」（Planned Parenthood Federation of America）、「人口研究中心」（Population Council）、「全國防止青少年懷孕活動」等機構。

蘇珊湯普森巴菲特基金會也捐款給醫院、大學、教師與學生的獎助學金，對象包括「拯救小孩」、「邦諾援助非洲」與DATA，各捐助一千萬美元。蘇西捐款五百萬美元給母校奧瑪哈中央高中興建新的體育館，另外六百萬美元給加州五名醫生研究口腔癌。

二〇〇六年，蘇珊湯普森巴菲特基金會的資產超過三億一千八百萬美元。基金會將會從蘇西的財產中獲得二十五億美元的波克夏股票，以後還會從華倫處獲得三十億美元。基金會打算每年捐款一億五千萬美元。據估計，蘇珊湯普森巴菲特基金會將會達到五十億美元，名列全美國前二十大的基金會。

蘇珊湯普森巴菲特基金會由女兒蘇莉的前夫艾倫．格林堡（Allen Greenberg）所主持。巴菲特第一任妻子過世之後，他在給董事的一封信中，重申他對蘇珊湯普森巴菲特基金會的支持。「在艾倫的領導下，基金會的成就遠超過我們的期望，每一塊錢都得到很大的成果。」

對母親好一點

有些作家描述巴菲特的母親萊拉・巴菲特（Leila Stahl Buffett），是很情緒化又很難相處的人。巴菲特談到對母親的感情，他對九十二歲的寡母非常慷慨，有時候在股東年會上介紹母親。有一次他給自己買一輛健身腳踏車，也給母親買了一輛（順便附贈一輛新車）。

「我們兩人總共踩了二萬五千英里，但是大部分是媽媽踩的，我應該買給她一輛腳踏車，而不是卡迪拉克。」

巴菲特的母親詳細說明這情況：「華倫給我一輛卡迪拉克，當作我八十歲生日禮物。我只開了八千英哩，但是那輛健身腳踏車我踩了一萬九千一百九十英里。」

同樣地，巴菲特也感謝母親給他的禮物：

「我的身體非常健康，六、七年前我第一次去做全身健康檢查，醫生問過我的飲食習慣，他說：『你的健康主要是靠你的基因，對不對？』」

萊拉．巴菲特談她的兒子

初中時，巴菲特的成績不好，不過母親說他成績不好只是暫時現象：「我認為華倫只是過渡階段，他在之前以及之後成績都很好。他是個好孩子，很容易扶養，從來沒有給我們添麻煩，從不抽菸或喝酒。」

被問到是否知道她的兒子有一天會累積這麼多的財富，她說：「我的天，不，我從來沒有想到會這樣。但是華倫對於跟賺錢有關的數字總是相當著迷。」

巴菲特的母親珍惜的是巴菲特，而不是他的財富：「我很驕傲的是，他成為這樣的人，他是很棒的人。」

附註：萊拉．巴菲特於一九九六年八月三十日巴菲特生日那天過世，享年九十二歲。

批評他的人怎麼說

雖然巴菲特一向以坦率直言而有聲譽，不過還是有人批評他。《華爾街日報》說他利用聲望與財富的優勢，所以他的交易都很安全，這是其他投資人所沒有的：「全美航空（USAir）、吉列（Gillette）與所羅門遇到突襲併購，他提供協助對抗，因此波克夏海瑟威投資公司獨家取得優惠的投資交易，這是其他股東所無法獲得的；光是這三筆交易總共價值十七億美元。」

這篇報導接著又說：「有位著名的企業突襲者說，巴菲特先生『非常聰明地讓大眾相信』，他這種見義勇為的行為是對美國有利的投資。但是，企業接受巴菲特先生的保護，這樣做是否明智，評審委員會還沒做出決議。」

附註：巴菲特後來被迫在所羅門公司接下管理者的角色，以協助該公司從政府債券交易醜聞事件中復原；他也必須以二億六千八百五十萬美元提列對全美航空的投資虧損。巴菲特有機會就開始拉抬這兩家公司，最後波克夏海瑟威在全美航空的股票上沒有虧損。不僅股價回到當初巴菲特購買的價格，而且全美航空還宣布不錯的分紅。巴菲特不再持有全美航空的股票，吉列也於二〇〇五年被寶僑（Procter &

Gamble）所併購。

詹姆斯．戈德史密斯爵士（Sir James Goldsmith），英國實業家

「我不了解像華倫．巴菲特這樣的人，儘管是億萬富翁，還住在最初的房子裡，開著一輛老舊的雪佛蘭上班，而且以此為榮。」

這句話在《時代》雜誌刊登之後，戈德史密斯打電話給巴菲特道歉，說他的話被不當引用。

艾倫．格林（Allen Greene），《水牛城日報》編輯，後來擔任工會主席

一九八二年，有人問巴菲特，《水牛城日報》獲利甚豐，是否可以開始實施利潤分享計畫，據說巴菲特是這樣回答：「在三樓（新聞室）的人對於我們的利潤沒有什麼貢獻，所以我絲毫不想跟你們分享利潤。」

格林談到《水牛城日報》的員工，他說：「我們都感到震驚，我們以為他是很好的人。」

附註：《水牛城日報》的發行人史坦．利普西說，巴菲特跟工會召開的所有會議他都在場，他不記得巴菲特說過這樣的話。巴菲特可能對於主宰市場的報紙經濟狀況做一個通盤的說明，或許被格林這樣解釋。格林應該誤解他的說明。

麥可．路易斯（Michael Lewis），作家

不是每個人都認為巴菲特是天才，前所羅門公司營業員，也是《老千騙局》（*Liar's Poker*，一九八九年）的作者，似乎也不認為巴菲特是天才。「他經常面無表情冷酷地以那種『如果你很聰明，為什麼是我有錢』的態度，嘲笑那些批評他的教授（他之所以有錢，只是因為隨機的遊戲總會出現大贏家。而跟億萬富豪爭辯的商學院教授，一年薪水只有可憐的五萬美元）。」

4 關於工作

「以我賺錢養家的方式來說，我是全世界最幸運的人。沒有人可以叫我去做我不相信或是我認為愚蠢的事情。」

——華倫．巴菲特

哲學家告訴我們說，做自己喜歡的工作，成功就會隨之而來。巴菲特就是最好的例證。

華倫．巴菲特說，他從哥倫比亞大學畢業時：

「一九五一年，華爾街不是熱門的工作地點，道瓊指數只有二〇〇點，從一九四五年到一九四九年，市場走勢都很平緩，最高大約一九〇點，最低大約一六〇點。後來就開始上漲，一九五〇年是道瓊指數都在二〇〇點以上的第一年。一九二九年，曾經到三八一點，但是在那一年又跌到二〇〇點以下。所以大家對於戰後的年代都感到戒慎恐懼，認為將進入蕭條時期。華爾街不是賺大錢的地方，這是很不一樣的世界。」

巴菲特說，跟你不喜歡的人一起工作，就像是「為了錢而結婚」。

「我認為這樣的生活是有點瘋狂。也許在任何情況下，都不是好主意，但是如果你已經是有錢人，還跟你不喜歡的人一起工作，那絕對是瘋了。」

「我是很務實的人，我總是知道我喜歡我所做的事情。能在大聯盟棒球隊打球當然很好，但是要認清事實。」

為了樂趣而工作

「並不是我愛錢，而是賺錢看著錢越來越多，真的很有趣。」

「以我賺錢養家的方式來說，我是全世界最幸運的人。沒有人可以叫我去做我不相信或是我認為愚蠢的事情。」

經常有人鼓勵巴菲特競選公職：

「我才不願意拿我的工作換任何工作，包括從政。」

巴菲特形容波克夏海瑟威公司是「我的畫布」。

「我有一張空白的畫布，還有許多顏料，我必須做我要做的事情。現在有更多錢，事業的規模也更大，但是我的樂趣跟十年前或二十年前公司規模還小的時候一樣。」

「每天早上到辦公室，我的感覺就像是去西斯汀教堂（Sistine Chapel）畫圖。」

「我享受過程，這比成果重要得多，不過我已經學會兩者並重。」

巴菲特的外祖母擁有一家報社，華倫早期許多收入來自為《華盛頓郵報》送報，他也曾經擔任《林肯日報》（*Lincoln Journal*）的發行經理。在他的血液中有新聞事業的因子：

「說實在的，報業要比其他事業，像是製造火車的連結器，有趣得多了。雖然我沒有涉及我所擁有報紙的編輯作業，但是參與協助塑造社會的機構，我真的很高興。」

「我想如果泰德．威廉斯（Ted Williams）拿棒球選手最高薪，打擊率只有二成二，他也不會開心。如果他拿最低薪，打擊率有四成，他將會很高興。做這工作的感覺就是這樣。做你喜歡做的事情，做得非常好，金錢只是副產品。」

「我覺得永遠都在跳踢踏舞。」

巴菲特十一歲時買第一支股票，他跟姊姊桃莉絲（Doris Buffett）以每股三十八美元，購買「城市服務」（Cities Service）優先股三股。他也學到要有耐心。股票跌到二十七美元時，他們有點擔心。城市服務上漲到四十美元，他們賣出股票，但是股價繼續上漲，最後漲到每股二百美元。

「我從十一歲起就對股市很有興趣，當時有一家紐約證券交易公司哈利斯奥普漢（Harris Upham）就跟我父親的『巴菲特福克』（Buffett-Falk & Co.）在同一棟大樓，我會花時間去哈利斯奥普漢公司看市場盤勢與佈告牌。」

巴菲特的童年就涉足許多事業。他賣可口可樂給朋友賺點差價，出版賽馬情報，送報紙，以及回收高爾夫球。他在華府的威爾遜（Woodrow Wilson）高中，跟朋友以二十五美元合買重新整理過的彈珠檯，以「威爾遜錢幣運作機器公司」的名義，將彈珠檯放在理髮店。第一天打開投幣箱結算，有四美元收入。巴菲特說：「我想我發現賺錢的門路。」

最後，彈珠檯每星期有五十美元的淨利。後來，巴菲特在內布拉斯加州東北部買了一座未經開發利用的農場，當他從高中畢業時，銀行裡有九千美元。

巴菲特很早就有投資專家的名氣：

「我賣空幾張美國電話（American Telephone）公司的股票，因為我知道我的高中老師都有買這家公司的股票。他們以為我很懂股票，我想如果我放空AT&T，他們一定對自己的退休生活感到憂心。」

在你願意待的地方工作

有人問他，為什麼不願意在紐約工作，畢竟紐約鄰近金融市場，容易掌握各種傳言，巴菲特回答說：

「你有一百萬元，給你很多內線消息，不到一年很可能你就破產。」

「或許我在紐約與加州的朋友比這裡多，但是這裡是養育小孩與生活的好地方。在這裡可以思考，對市場的看法更透徹；你不會聽到許多傳言，你只要坐著專心看桌子前面的股票。你可以想很多事情。」

但是他也說：

「如果有企管碩士問我說：『我要如何迅速致富？』我不會引用班傑明・富蘭克林（Ben Franklin）或是霍瑞修・愛爾傑的話，而是一手指著我的鼻子，另一隻手指著華爾街。」

跟優秀的人一起工作

「我會挑選每一個跟我一起工作的人，這確實是最重要的因素。對於我不喜歡或是不欣賞的人，我就不會跟他互動。這是關鍵，這有點像是婚姻。」

「我跟有感覺的人一起工作，我做生活中想要的。為什麼我不應該這樣做？如果我不是為我想要的而工作，那麼誰該這樣做？」

「有人曾經說過，雇用員工，要看三種特質：正直、聰明與活力。如果沒有第一種特質，其他兩種將會害慘你。想一想，還真有道理。如果你雇用的人沒有第一種特質，那還不如用又笨又懶的人。」

有位研究所的學生請教工作上的建言，巴菲特說：

「我認為要為你佩服的企業以及你佩服的人工作。你跟某人工作，多少都會從他身上學到什麼，而且你覺得這家企業很好，就會得到好的結果。如果這工作你現在做得很不高興，但是你認為十年後會很好，或者你認為現在錢不多，但是十年後有十倍的收入，那我建議你千萬不要做。如果你現在無法享受這工作，很可能十年後你還是無法享受這工作。」

你為誰工作，其實關係重大。巴菲特記得有一次，像貝比·魯斯（Babe Ruth）與盧·賈里格（Lou Gehrig）等球員，提議將他們世界大賽的收入全部捐贈給他們的球童：

「生活的關鍵是，你要當誰的球童。」

巴菲特承認，他對大學生的建議，產生想像不到的結果：

「去年有一次演講，哈佛有些學生問我：『我應該為誰工作？』我說：『你最佩服誰，就為誰工作。』兩個星期之後，院長打電話給我：『你跟這些孩子說了什麼？他們現在都自己創業。』」

附註：這也算是一種柔性報復嗎？巴菲特獲得哥倫比亞大學入學許可之前曾經申請哈佛，但是哈佛拒絕了他。不過，巴菲特似乎沒有怨恨，剛畢業的企管碩士他只雇用過一位年輕小姐，就是哈佛的。

對夥伴要忠誠

一九八四年，巴菲特寫信給《華盛頓郵報》已故的發行人凱瑟琳・葛蘭姆：

「波克夏海瑟威公司於一九七三年春季與夏季購買《華盛頓郵報》的股票，總共一千零六十萬美元，現在的市值大約一億四千萬美元。如果我們同樣以一千零六十萬美元，在同時間購買其他（媒體公司）的股票，我們現在可能會有價值五千萬美元的道瓊（Dow Jones），或者是三千萬美元的甘尼特（Gannett）、七千五百萬美元的奈特瑞德報業集團（Knight-Ridder）、六千萬美元的《紐約時報》，或是四千萬美元的《時代鏡報》（*Times Mirror*）。所以，我不僅要十二萬分感謝你，而且是六千五百萬至一億一千萬地感謝你。」

巴菲特知道，金錢與權力使得他相對於夥伴、員工與其他人，有很大的優勢：

「有一次我們有隻狗跑上屋頂，我兒子喊牠，牠就跳下来，命是保住了，但是斷了一條腿。這太可怕了，狗兒非常愛你，所以聽話跳下來。你也可能讓他人陷入這種地步，這是我不願意見到的。」

波克夏海瑟威公司投資首都城市／美國廣播公司（Capital Cities/ABC）時，巴菲特答應前董事長湯瑪斯．墨菲（Thomas Murphy）很長的任期，即使該公司電視網的問題無法立刻解決：

「這就像是你的小孩有了問題，這不是我們在五年內會賣掉的東西，我們有夥伴關係。」

「我們不是完全只看經濟利益，這對我們的結果當然有影響；但是我們喜歡以這個方式運作。如果你的經營模式就是一再將你所喜歡、欽佩、覺得有趣的同事拋棄，只是為了追求更高一點的數字，那麼你成為有錢人又有什麼意義？我們喜歡更多錢，但是不會為了錢而放棄一切。」

「他們信任我，我卻將他們棄之不顧，我認為這樣做自己都覺得難過。」

附註：一九九五年，巴菲特將首都城市／美國廣播公司以一百九十億美元賣給迪士尼，巴菲特接受迪士尼股票，後來又賣掉。

二〇〇五年秋天，出現意外的機會，以帳面價值的七成，收購英國商聯保險公司（CGNU, PLC）在美國的業務。這筆交易非常划算，巴菲特一輩子交朋友與建立信用，終於讓波克夏海瑟威的股東得到利益。巴菲特的老朋友傑克．貝恩，曾經帶領蓋可公司反敗為勝，成功售出「消防隊員保險公司」（Fireman's Fund），還有其他企業交易案，贏得巴菲特的尊敬，這次又由他來主導。貝恩與巴菲特合夥，由貝恩的白山保險集團（White Mountains Insurance Group）買下商聯保險公司在美國的業務，將淨值三十億美元的部門，以十七億美元買下。巴菲特為這筆交易提供三億美元，波克夏最後擁有白山保險公司三〇%的股份。

巴菲特很快就決定投入許多資本在這筆交易上，因為他信任貝恩：

「貝恩就像是將駝鳥蛋滾進母雞雞舍的農夫，然後對母雞說：『各位女士，這就是競爭。』」

二〇〇七年一月，傑克．貝恩在白山保險集團公司董事長兼執行長任內退休。

控制你的時間

華倫的長子霍華終於了解父親時間管理的程序：「父親不會用割草機，我從來沒見過他割草、修剪樹籬或是洗車。我記得以前很生氣，等到我年紀增長，才了解時間的價值，也理解他做事的方法。他的時間是如此珍貴。」

華倫．巴菲特說：

「知名度大增其實沒有什麼好處，你看（指著波克夏海瑟威公司總部的小房間），我們無法處理許多人的要求。全國各地來信詢問投資的建議，我不想太冷漠，但是我無法滿足大家的要求，同時又能完成我的工作。」

巴菲特很少在政府組織或企業機構演講或是公開露面，但是他每年在大學演講十幾次，大多是問答的方式。

「如果你跟一百名學生談話，並且說了一些有意義的話，可能有幾個人會專心聽講，或許因此改變他們的一生，這跟一群六十歲的人講話完全不同。」

說這句話的時候，巴菲特六十三歲，顯然這是他的經驗之談。

「我的意思是，如果我去聽了一場演講，我也知道講得好或不好，但是我可能不會改變我做的任何事情。」

巴菲特對於他的時間與財產很慷慨：他有一次將午餐約會捐給一個基金會，以支持舊金山葛萊德紀念教會（Glide Memorial Church）協助無家可歸的人。葛萊德的基金會在eBay上拍賣這次午餐約會，得款六十二萬一百美元。但是巴菲特也緊守界線，不讓他人利用。當巴菲特打算換掉他二〇〇一年份的林肯Town Car時，他將車子捐給蘇莉擔任董事的「女孩協會」。根據「凱萊藍皮書」（Kelly Blue Book），這輛車價值一萬一千二百美元，習技公司（The Learning Annex）的創辦人比爾．詹克（Bill Zanker）以七萬三千二百美元買下。他宣稱自己會去奧瑪哈取車，到時候將跟巴菲特一起舉行記者會。詹克拿到車子，但是沒有遇見巴菲特，詹克解釋說：「時間沒有安排好，我應該先打電話到他的辦公室。」

如果巴菲特願意到習技公司的房地產與財富研討會上演講三十分鐘，詹克就捐款二百萬美元給慈善機構，也遭到巴菲特拒絕。巴菲特禮貌地解釋說，他寧願到波克夏的股東年會上教成年人。

巴菲特的時間管理法則是跟一位專家學的：

「我只是運用南茜．雷根（Nancy Reagan）的方法，就是敢說不。」

知道什麼時候停止

「不值得做的事情，就不值得做好。」

「如果一開始就做得成功，就停止嘗試。」

一九六九年，股市正在高峰，巴菲特提早退休。他將巴菲特合夥公司結束經營，價值漲了三十倍，將錢退還給投資人。當時他三十八歲：

「我不要一輩子的時間都在追逐財富。」

他又說：

「我不急著要累積財富。」

最後：

「慢下來的唯一方法就是停止。」

附註：他停止工作的時間不長，沒多久，巴菲特就改造波克夏海瑟威紡織公司，創立新的投資公司。

5 關於經營企業

「你如何跟魚解釋在陸地上行走是什麼樣子?真的在陸地上走一天,價值勝過解釋一千年。同理,經營企業一天,也是有其價值。」

——華倫・巴菲特

巴菲特是如何寫出清楚又坦率的年度報告?尤其是沒有圖表或照片,他的方法是好像寫給他所認識的人看。

「假設我大姊擁有公司的一半股份,而她外出旅行一年。她對於商業不是外行,但也不是專家。我不認為圖表有什麼不好,只是我認為當你要強調什麼時,反而會降低真正資訊的重要性。」

「如果你了解一個構想，就可以表達得讓其他人也了解。我發現每年寫報告時，都會碰到這些障礙。這些障礙不是因為字彙不夠用，而是因為我自己還不是很清楚。沒有什麼比寫作更可以迫使你去思考，讓你的想法更清楚表達出來。」

波克夏的高股價是一種溝通方式，告訴眾人巴菲特要的是認真的投資人，買這股票是要長期投資。他要大家知道，他們買的是什麼：

「我們今晚在大廳外面掛上『搖滾音樂會』的牌子，就會有一群搖滾樂迷進來。我們也可以掛上『芭蕾舞』的牌子，就會有不一樣的人進來。這兩組觀眾都很好。但是如果我們表演的是芭蕾，掛的卻是『搖滾音樂會』的牌子，那就錯得太離譜了。我要為波克夏掛上招牌，想要邀請什麼樣的人進來，唯一的方法就是透過溝通與營運方針。」

知道什麼時候該拒絕

有人問起，關於一九九二年購買富國銀行（Wells Fargo & Co.）股份有何見解，波克夏公司負責接聽電話的女士，她的答覆可說是公司的標準答案：「波克夏海瑟威公司規定，關於我們的投資組合或是任何傳言，一向不做任何評論。」

巴菲特對於投資動態不發表意見，自有其理由：

「如果我說出來，原本吸引我購買這支股票的偏低價位就會消失。投資時你不能將你的底牌公告周知。」

巴菲特想要提出警訊時，他也能夠簡潔地表達自己的意見。像是他解決所羅門公司政府債券不當交易案時：

「我們（所羅門）將會儘快繳納任何罰鍰，我們也會迅速解決正當的法律賠償。不過，其中有許多是不正當或是不實的索賠，我們會提起訴訟，必要時奉陪到底。對於過去的行為，我們會做適當的改善，但是我們也不會讓人占便宜。」

以身作則

在他被迫暫代所羅門公司董事長期間，巴菲特告訴股東說：

「雖然規定還是有其必要性，不過目前的氣氛應該鼓勵以身作則的行為，這可能更加重要。在我董事長任內，我將自己視為公司的『承諾長』（chief compliance officer），我要求所羅門公司所有九千名員工協助我做到這點。我也請他們做事情要合乎規定。員工考慮任何商業活動時，應該問問自己，是否願意看到當地報紙精明能幹又吹毛求疵的記者立刻在頭版描寫這件事情，而且親友都會看到。在所羅門公司，我們要求任何活動不僅要符合法律規定，也要不落人口實。」

波克夏海瑟威的股東年會

每年春天，成千上萬的投資人與仰慕者光臨奧瑪哈，坐在擁擠的會議廳數小時，就是為了聽華倫·巴菲特開講。他會回答所有的問題，如果還有問題，而且到了午餐時間，股東可以到大廳買三明治與可口可樂。每年巴菲特都會創制一些規定，股東大會就照這些規定實施。以下幾個例子來自不同的年度：

「通常我們一定會預留許多時間，在股東會議上回答股東的問題。」

「如果開會時你必須離開，最好是在查理說話時，不過查理很少說話。」

「我們會在這裡回答問題，直到接近中午，或是查理說些樂觀的話，看哪一項先到就停止。」

「開會之後，有大巴士送外地來的客人到內布拉斯加家具百貨、寶霞珠寶店，或是波克夏有經濟利益的其他地方。」

這個過程不是開玩笑的。在會議廳的大廳有賣各種東西的小車，像是喜思糖果、金廚刀具（Ginzu knives）、《世界百科全書》（*World Book* encyclopedias）、牛仔鞋、組合房屋，以及波克夏海瑟威所屬公司的其他產品。到波克夏海瑟威公司所屬的商店走一趟，不只是讓大家去買東西，也有教育的目的，所以巴菲特很堅持。他總是說：「你一定要去內布拉斯加家具百貨公司見識一下布魯金太太的環境。」

查理．孟格偶爾會自我推銷一下。他尤其喜歡《世界百科全書》：「波克夏海瑟威公司的產品中，我送最多的就是這項產品，這是難以置信的完美成就。要編出這樣對使用者友善的書，而且包含許多智慧，這真是難以置信。」

越來越多人成為波克夏海瑟威公司的股東，股東會的籌備也越來越困難：

> 「大家都知道，過去幾年我們股東年會在傑世霖藝術博物館（Joslyn Art Museum）舉行，後來人數太多才換地方。目前我們是在奧芬劇院（Orpheum Theater）舉行，由於這是表演輕歌舞劇的老戲院，我想我們在不知不覺中跟文化掛勾。別問我以後我們要搬去哪裡舉行。」

一九九五年，股東會搬到假日酒店的會議中心舉行，大廳再度爆滿。一九九六年，由於發行波克夏B股，波克夏的股東人數增加一倍，股東會又搬到「阿克撒賓露天商場」（Aksarben Fairgrounds）。奧瑪哈後來興建新穎美觀的會議中心，叫作奎斯特中心。二〇〇七年，有二萬多名股東參加，將奎斯特中心擠得滿滿的。

照顧股東

波克夏海瑟威的投資人傑洛．皮爾生（Gerald L. "Bud" Pearson）說，他在一九六五年聽到一位朋友說起巴菲特。皮爾生跑去見巴菲特，巴菲特告訴他，不再接受新的投資人當合夥人。跟皮爾生談了一小時之後，巴菲特改變他的心意。

「啊，真是的，你看起來好像人還不錯，」巴菲特說。皮爾生及時成為「巴菲特百萬富翁」。

波克夏的董事經常受到激勵要照顧股東。首先，董事本身就是股東，而且大多數擁有相當多的股份。此外，波克夏公司沒有為董事與主管投保責任保險，如果董事會因為管理不善而被提起訴訟，他們可能要損失一大筆錢。

有人問巴菲特，為什麼每年有成千上萬的股東長途跋涉來參加波克夏海瑟威的股東會，他猜測說：

「他們來是因為我們讓他們覺得自己像是老闆。」

經理人覺得自己像老闆，這種企業才是巴菲特喜歡投資的。他嘗試要改變所羅門公司的企業文化：

「我們希望看到部門的經理因為擁有股份而致富，而不只是為他人作嫁。事實上，我認為股權可以給最好的經理人可觀的財富，也許超過他們現在所能想像的。」

終止的好構想

一九八一年，查理．孟格提出質疑，為什麼公司領導人要為股東決定支持什麼慈善機構。畢竟，公司捐贈出去的錢實際上是屬於股東的。所以那一年，他跟巴菲特提出一項捐贈計畫，讓每位股東指定三家慈善機構，按照A股股東指名的人數，照比例分配給這些慈善機構。後來又發行B股，持有人就無法參與。

這個構想很快就付諸實行，二十二年來，波克夏的股東慈善計畫捐贈一億九千七百萬美元給三千五百家慈善機構。最主要的接受對象是學校、教會與猶太教堂。巴菲特與孟格的部分捐給他們的慈善信託基金會，主要是支持家庭計畫。

波克夏的捐贈模式受到政策制定者的推崇，甚至保守分子也贊同。獲得諾貝爾經濟學獎的密爾頓．傅利曼（Milton Freidman）指出，企業將股東的錢捐給慈善機構，卻沒有徵詢股東的意見，這是破壞民主程序。一九九七年，共和黨籍的俄亥俄州眾議員保羅．吉爾摩（Paul Gillmor）甚至想要提出法案，要求企業採取波克夏的模式。

不過，從一開始就有一小群人反對這計畫，主要是因為有些錢幫助所謂自由主義的理想，尤其是生育權。有個反對墮胎的團體「國際生命決定」（Life Decisions International）組織一次消費者杯葛行動，抵制波克夏所屬公司的產品。二〇〇二年，提出股東決議案，停止波克夏的捐助計畫。該決議案被九七%的股東所否決。

也是在二〇〇二年，全美國最大的廚具公司「放縱大廚」（Pampered Chef）創辦人多麗．克里斯多福（Doris K. Christopher）將公司賣給波克夏。「放縱大廚」透過個人直銷廚具，通常是在家中進行銷售。「放縱大廚」成為抵制的目標，推銷員與顧客都放棄公司的產品，避免捲入漩渦，因此銷售額大減。巴菲特與孟格眼看克里斯多福的公司與波克夏的投資利潤下跌，決定收回以前的企業捐助計畫。孟格也承認說：「這真是令我傷心。」

孟格不必太悲傷，有幾百位投資人因為初期就投資波克夏公司而成為百萬富翁，甚至是億萬富翁。公司的慈善捐款計畫不是他們分享財富的唯一方式。許多投資人一家數代坐擁財富，成立自己的基金會或自己選擇慈善機構，將獲得的利益回饋一些給社會。一九六〇年代初期，唐納德與米爾德里德．托普．奧特曼（Donald and Mildred Topp Othmer）分別投資二萬五千美元在巴菲特合夥公司。唐納德是化工教授，一九九五年過世時，資產大約有七千股，都捐給慈善機構。米爾德里德於一九九八年過世，遺贈七億五千萬美元給慈善機構。雖然有一位姪兒提出抗議，法院也更改了米爾德里德的遺囑，不過捐贈金額仍然很龐大。例如，巴菲特的母校內布拉斯加州大學就得到一億二千五百萬美元。

所羅門醜聞案

所羅門的債券交易員保羅・莫勒（Paul Mozer）被指控非法交易美國國庫債券，被認定企圖壟斷市場。這個事件嚴重威脅全公司的生存，巴菲特說：

「莫勒罰鍰三萬美元，被判入獄服刑四個月。所羅門的股東，包括我在內，損失二億九千萬美元，我被罰當了十個月的執行長。」

巴菲特暫代董事長時，主持一九九二年的所羅門兄弟公司股東年會。會議歷時三小時，巴菲特面對股東的盤問，要求提供更多有關所羅門公司政府債券交易醜聞的訊息。波克夏海瑟威在所羅門公司有龐大的投資，但是在莫勒犯下罪行之後，巴菲特出面整頓公司在市場的信譽，他卻沒有支薪。以難纏而著名的股東艾佛林・戴維斯（Evelyn Y. Davis）問巴菲特，他在奧瑪哈與紐約之間來往搭乘公司小飛機，為什麼還要收費十五萬八千美元。巴菲特回答說：

「我的工資是很便宜，但是我的旅費很昂貴。」

戴維斯對於花費二千五百萬美元請律師解決所羅門公司的問題，也提出抱怨。巴菲特回答說：

「艾佛林，我很願意請你去跟他們談判。我認為只要跟他們提到你要去談判，他們就願意降低一點費用。」

附註：一九九七年，「旅行家」（Travelers）買下所羅門公司，一九九八年，「旅行家」被花旗集團（Citigroup Inc.）併購。波克夏公司目前在所羅門公司中沒有任何職位。

波克夏海瑟威在網路上

巴菲特說他的股東是一個「社群」，住在虛擬的全球村，叫作「葛拉漢與陶德村」（Graham & Doddsville），以葛拉漢與大衛・陶德（David Dodd）兩位價值型投資學之父的名字來命名。每年五月第一個週末，「葛拉漢與陶德村」的居民在奧瑪哈聚會，現在他們在網路上開會。巴菲特在一九九六年的年度報告上宣布，雖然這是一個「關起門來所做的決策」，但是他與孟格決定將年度報告放在網路上。他們會在星期六張貼報告，讀者在星期一早上開始交易之前有時間消化新聞。波克夏的網站 www.berkshirehathaway.com，現在不僅有報告，也有蓋可公司的廣告、新聞簡報、巴菲特的評論與公司的現況與數據。還有許多部落格與訊息版面，像是 Ragingbull@lycos.com。也許最受歡迎的網頁是在 messageboard@aol.com。有時候你會看到蘇莉發表文章，她用的名字是杜秀（Doshoes）。

價值型管理者

作家羅伯特．麥爾斯（Robert Miles）說，巴菲特不僅是價值型投資人，也是「價值型管理者」。他總是在尋找有價值的管理者。

巴菲特說，他的雇用表格上有個問題：

「你是狂熱者嗎？」

最好的管理者是狂熱者。

「我喜歡的人是他將公司賣給我，卻又像業主一樣努力經營。就像是我嫁出女兒，她又繼續跟父母親住。」

巴菲特對經理的期待是：

「如果他們需要我的協助來管理公司，可能我們雙方都有問題。」

不過，還是有例外。每年，巴菲特制定喜思糖果的價格，以及《水牛城日報》的發行量。經理人與巴菲特都說，因為巴菲特沒有介入業務，所以他比較客觀。

重視經驗

波克夏海瑟威公司沒有退休年齡，所屬各公司的執行長平均服務年資為二十三年：

「你如何跟魚解釋在陸地上行走是什麼樣子？真的在陸地上走一天，價值勝過解釋一千年。同理，經營企業一天，也是有其價值。」

「一般而言，在這個領域年老不是問題。你不需要很好的眼手協調，或是強壯的肌肉推著錢到處跑（感謝上帝）。只要我們的心智還能正常運作，查理與我就可以像以前一樣繼續工作。」

聰明配置資金

完全擁有一家公司，而不是只有持股，這樣有個優點，就是可以將利潤有效率地再投資，即使是將資金投入不同的產業：

「我們不是鋼鐵業，我們不是製鞋業，我們不是任何行業，的確如此。我們是很大的保險公司，但是我們並不堅持做保險。我們沒有必須走這條路的心態，所以我們可以將資本轉移到任何有搞頭的行業。」

巴菲特大學畢業之後，投資一百美元上卡內基課程：

「並不是為了上台演講時膝蓋不會發抖，而是為了膝蓋發抖時還敢上台演講。」

「我是較好的投資人，因為我是生意人；我也是較好的生意人，因為我是投資人。」

「我覺得投資跟管理道理是一樣的，多做不一定就能夠得到更多的結果。」

萬能機器叫作波克夏海瑟威

多年來，如果你提到波克夏海瑟威公司這個名稱，大家會問說：「不是做襯衫的嗎？」不，這家公司從來沒有生產襯衫。華倫·巴菲特開始買這家公司的股份時，波克夏是一家衰敗的新英格蘭紡織廠。巴菲特曾經說這是他最大的錯誤投資，他一再努力挽救這家工廠，最後還是關閉。但是他沒有放棄公司的外殼，而是逐漸而巧妙地轉變為有史以來最大的控股公司。這家公司有二十一萬七千名員工，年營收將近一千億美元。

但是該公司還有個獨特之處，有些人認為波克夏像是一個狂熱教派，領導者就是奧瑪哈的先知。如果這個說法屬實，那麼加入這個教派將獲利豐厚。

如果你一九六五年投資一萬美元在波克夏，到了二〇〇六年，你的投資價值超過三千萬美元。如果你將同等金額的錢投資標準普爾五〇〇，然後放著不動，只有很少的五十萬美元。根據晨星（**Morningstar**）報告，從一九六五年起，波克夏每股的帳面價值，每年幾乎成長二二%。同一時期，標準普爾五〇〇成長率為一〇·四%。

波克夏是六十五家公司的母公司，擁有大約三十九檔不同的股票。從家具、速食、鞋子到內衣，波克夏在各種行業都占有一席之地。不過，波克夏大部分的資產是保險公司。蓋可是美國第四大的汽車保險公司，通用再保與波克夏再保集團（**Berkshire Reinsurance Group**）是全世界最大的兩家再保公司。通用再保是全世界唯一AAA級的再保公司（保險公司再投保以防重大風險，尤其是颶風與地震等難以預料的災害）。

穆迪公司（**Moody's Corporation**）評等企業信用，最高等級總共有八家公司，巴菲特的波克夏名列其中。他是怎麼做到的?巴菲特先專注在股票上,然後逐漸開始以很好的價格購買整家公司。然後他盡量減少負債,將資金投入獲利能力大增的企業。

波克夏的資產最令人佩服的是持有現金的數量。二〇〇六年,波克夏儲備金有四百二十億美元。潘恩韋伯公司(Paine Webber)前分析師艾莉絲・施洛德(Alice Schroeder)說:「波克夏現在顯然是一家保險公司,有太多的資本與現金流量,可以用來投資;當然,真正的綜效是華倫・巴菲特是配置與運用資金的大師。」

即使有龐大的保險公司,巴菲特說:

「這家公司多元化經營,利潤收入非常好,財務狀況極佳,而且處處為股東最高利益著想。傑出的經理人已經準備好接班。我希望波克夏進行購併與擴張目前的業務,能夠不斷壯大與賺錢。」

雖然波克夏嚴格說起來,並不算是一種狂熱宗教,不過確實已經成為虔誠信仰者的社群。投資人買下股份之後就不再賣出,甚至指示繼承人繼續持有。股東年會有點像是朝聖之旅,但是巴菲特自己說是投資投資人的「伍・斯托克」(Woodstock)。幸好巴菲特非常實際，不會要求股東「喝Kool-Aid」（譯註：Kool-Aid是美國小孩最喜歡的水果口味飲料，一九七八年，在南美洲瓊斯鎮（Johnstown）發生九百一十四人死亡的宗教集體自殺事件，帶領者吉姆．瓊斯（Jim Jones）要求大眾喝下有毒的Flavor-Aid，但是這產品沒有名氣，媒體借用Kool-Aid，於是出現「Drink the Kool-Aid」這句俚語，指因感知到潛在高額回報而相信危險想法的人），也不會要求大家跟他跳下懸崖。但是在股價沒有飆漲時，他會期望大家繼續抱股，並且盡量到所有波克夏的子公司去購物。股東也確實聽他的話。

6 關於投資

「市場只是一個參考點，看看是否有人在做蠢事。我們投資股票，就是要投資企業。」

——華倫・巴菲特

華倫・巴菲特的投資原則，他自己說是「簡單、老式、幾乎沒有原則可言」。巴菲特許多原則來自他的個性，其他則是從老師與經驗中學習。跟所有的好學生一樣，他將所受的訓練當作基礎，堆砌出比他最好的老師還要高的磚牆。

有一套哲學

「規則一：絕不虧錢。規則二：絕不忘記規則一。」

「多年來，許多非常聰明的人終於學到的一點是，一長串數字乘以一個零，還是等於零。」

巴菲特一再回歸到葛拉漢：

「我認為是有三個基本概念，構成智慧的基礎架構，合理運用這三個概念在股票上，對你才會有幫助。這三個基本概念既不複雜，也不需要數學天賦或是任何才能。葛拉漢說你應該將股票當作企業的一小部分，將市場波動視為朋友而不是敵人，從愚行中獲利，而不要參與愚行。在《智慧型投資人》（*The Intelligent Investor*）最後一章，葛拉漢說投資最重要的四個字是『安全邊際』（margin of safety）。我認為這些概念，即使到今天已經有一百年，仍然是理想投資的三個基礎。」

巴菲特將葛拉漢的話概述如下：

「適當的性格加上適當的智慧架構，你就會有合理的行為。」

巴菲特不擔心他的原則了無新意：

「如果原則會過時，那就不是原則。」

認識敵人：通貨膨脹

「只要簡單計算一下，就可以知道通貨膨脹比立法機關所通過的任何稅收更可怕。通貨膨脹損耗資本的能力實在難以置信。假設一位寡婦靠銀行存款年利率五％過活，如果一年的通貨膨脹率為五％，即使不必繳納所得稅，也跟通貨膨脹率為零，卻要繳納一〇〇％的所得稅一樣。她的所得都被『課稅』，等於沒有真正的收入，她的任何開銷都是吃老本。一二〇％的所得稅，她可能會覺得太過分了，但是她可能沒有發覺，五％的通貨膨脹率對她經濟上的影響就等於是課徵一二〇％的所得稅。」

「如果你覺得在股市進出，獲利可以擊敗通貨膨脹率，那麼我願意當你的經紀人，但不是你的夥伴。」

即使在通貨膨脹率高的年代，巴菲特還是持有股票，他解釋說：

「部分原因是習慣使然，部分原因則是股票代表企業，而擁有企業要比擁有黃金或土地更有趣。此外，在通貨膨脹的年代，如果你能以適當的價格購買股票，至少股票可能還是最好的選擇。」

對於如何控制通貨膨脹，巴菲特有一些概念：

「我有個非常容易的方法，可以消除或是降低通貨膨脹。如果憲法修正案規定，消費物價指數漲幅超過三％的年度，該年度的眾議員或參議員都喪失競選連任的資格。」

巴菲特十九歲時，是內布拉斯加大學四年級生，讀到葛拉漢經典名著《智慧型投資人》。他將這經驗比作「保羅前往大馬士革路上的經歷」，也學到「以四十分買一元」的哲學。巴菲特說他閱讀這本書之前：

「我漫無邊際到處蒐集各種曲線圖，閱讀所有的技術分析，打聽內幕消息。然後我看到葛拉漢的《智慧型投資人》，這才豁然開朗，就像是看到光明。」

「我並不想讓人家覺得我像是宗教狂，但是這真的讓我很狂熱。」

「在這之前，我是用膽量進行投資，而不是用頭腦。」

班傑明．葛拉漢的追求

華倫．巴菲特最初認識葛拉漢，是因為讀了他的書《智慧型投資人》。一九五〇年，巴菲特就讀哥倫比亞大學研究所，終於跟他心目中的英雄見面。巴菲特說：「除了父親之外，葛拉漢對我事業生涯的影響比任何人都大。」

他解釋說，葛拉漢對於投資智慧挑戰的興趣更甚於賺錢。除了這點之外，再加上好奇心強、慷慨，以及非常有幽默感，這就是葛拉漢與眾不同的地方。

葛拉漢與巴菲特有很多地方類似。葛拉漢能言善辯，充滿機智，交友廣泛。他們主要的相似之處，就是對於大筆金錢漫不在乎，對我們其他人而言，這是很奇特的。巴菲特進入葛拉漢的公司沒多久，葛拉漢就告訴他：「對你我來說，金錢不會造成任何差別，我們不會改變，只有我們的妻子生活會更好。」

一九五一年，巴菲特從哥倫比亞大學畢業，葛拉漢建議他延後再做投資，等到過熱的市場得到休息。那一年，道瓊工業指數高達二五〇。道瓊工業指數從一開始到那一年，每年都在二〇〇以下。

巴菲特說：「當時我有一萬美元左右，如果我接受這建議，很可能還是有一萬美元。」

這是一個不尋常的建議，因為葛拉漢一向反對所謂市場時機。葛拉漢於一九五六年退休，顯然對工作感到厭倦，而且對於股票不再有興趣。

附註：巴菲特最後比葛拉漢有錢。一九七六年，葛拉漢逝世，享年八十二歲，留下的資產大約三百萬美元。

「葛拉漢談的不是傑出的投資，也不是流行或時尚的投資。他講的是穩當的投資，我認為穩當的投資可以讓你非常有錢，如果你不是急著要賺大錢的話。何況這方法絕對不會讓你慘賠，這就更好了。」

為何追隨者少？

「許多人知道葛拉漢，但是追隨他的人很少，這讓我們感到困惑。我們自由自在談我們的原則，並且在年度報告中高談闊論。這些原則很容易學習，應該很容易追隨。但是大家只想知道的是：『你今天買什麼股票？』我們就跟葛拉漢一樣，大家都知道我們，但是很少追隨我們。」

「大多數人發現優良的投資標的，就會謹慎地閉口不談，自己進貨完畢之後，就開始大聲宣揚。但是葛拉漢不同，他在哥倫比亞大學與紐約財務學院（New York institute of Finance）授課，都是用現有的案例教學，別人認為是祕密的東西，他非常願意跟他人分享。這是最慷慨的行為，因為你教給別人的東西，實際上會傷害到自己的商業利益，我看到的葛拉漢就是這樣。」

巴菲特笑著又說：「葛拉漢這一部分，我就沒有發揚光大。」

附註：巴菲特從不說出他所買的股票，除非證券交易委員會有此要求，或是後來要向投資人解釋波克夏海瑟威的績效，他才說出來。一般而言，六億美元以下的投資，波克夏並不需要公布。

以下是葛拉漢對於投資與市場典型的意見：

「帕斯卡（Pascal）有句名言：『心中有為人所不了解的理由』，『心中』可以換成『華爾街』。」

不過，葛拉漢就跟巴菲特一樣，天生喜愛計算數字。對於那些太過於倚賴圖表或方程式的投資人，他提出警告說：

「即使購買股票的基本動機只是想要投機賺錢，人性都會想要用理性與善意來隱藏這醜陋的衝動。」

葛拉漢經常提醒投資人，他們擁有所投資的公司，身為企業所有人，不要讓管理者欺負：

「關於愛抱怨的股東，我要說句話。依我的淺見，股東光是抱怨是不夠的。華爾街最大的麻煩之一，就是無法分辨麻煩製造者或是『罷工請求者』，股東有合理合法的抱怨，管理階層與其他相關人士應該重視。」

儘管巴菲特非常推崇葛拉漢，還是有幾點跟葛拉漢作風不同：

「葛拉漢注意股票交易各方面的數字，我是注重未來現金收益的數字。我想最後一次採用葛拉漢的方式做交易，應該是一九七三年或一九七四年，那時候以這種方式還很容易操作。」

「比起二十年前，我現在願意多付一點錢，買一家好公司與好的經理人。葛拉漢則是只看統計數字而已，我越來越注重看不見的東西。」

已故的威廉．瑞尼，是紅杉基金創辦人，參加葛拉漢在哥倫比亞大學的研討會時認識巴菲特。瑞尼說，葛拉漢加上巴菲特，共同描繪出如何投資的完整概念：

「葛拉漢寫出公認的投資聖經，華倫的思想則是更新聖經，等於是寫出投資的新約聖經。」

葛拉漢晚年告訴巴菲特，他每天都希望做出一些「愚蠢的事、有創意的事，以及慷慨的事」。葛拉漢說，通常在早餐之前他就完成第一項。

葛拉漢七十幾歲時，於聖地牙哥的醫院臥病在床，要求巴菲特幫他修訂新版的《智慧型投資人》。巴菲特同意，但是後來葛拉漢身體復原，就自己完成修訂改版。葛拉漢似乎不喜歡巴菲特提出的修改內容，到底改了什麼？不多，巴菲特說：

「我想多談一點通貨膨脹，以及投資人如何分析企業。但是我完全沒有更動十誠。」

幾十年前，大學的課程很少提到葛拉漢的理論，巴菲特說這是因為：

「難度不夠，所以老師教一些比較困難但是沒有用的東西。商學院重視複雜的行為，但是簡單的行為往往比較有效果。」

不過，巴菲特成功之後，知名度大增，哥倫比亞大學、史丹佛大學以及其他商學院，在他們的課程中也納入葛拉漢的學說。

巴菲特現在聽到全世界的投資人稱讚葛拉漢，巴菲特說：「他是許多人的指北針。」

別管教授說什麼

葛拉漢對於巴菲特有何意見？葛拉漢跟加州戴爾瑪（Del Mar）的投資人查理・布

蘭迪斯（Charles Brandes）說：「華倫做得很棒。」

巴菲特對於今天大學所教的「效率市場假說」（efficient market hypothesis）、beta 以及其他概念，則是相當不以為然。他認為這些概念太注重抽象的理論，常識卻不夠：

「如果市場總是有效率，我可能就會流落街頭乞討。」

「投資在大家認為有效率的市場，就像是跟認為看牌沒有用的人打橋牌。」

「讓成千上萬的學生知道，商學院所教的東西對於思考沒有好處，這對我來說是很大的幫助。」

「目前的金融課程能夠幫助你達到普通水準。」

有人問巴菲特的夥伴查理．孟格，有關現代投資組合的理論，他立刻回答說：「全是廢話！」他又說這概念是「我甚至無法歸類的一種癡呆」。

至於將「資產配置」到未來績效最高與最好的產業組群，巴菲特也批評說：

「對我來說，當時可以買什麼就買什麼。我們對分類本身沒有興趣，我們有興趣的是價值。」

「市場先生」是僕人，不是指導者

「市場先生」（Mr. Market）是葛拉漢發明的人物，用來向學生說明關於市場的行為。葛拉漢說，股市應該被視為情緒激動的生意夥伴。「市場先生」這位夥伴每天出現，提出一個價格要買你的股份，或是要將他的股份賣給你。無論他的出價多高多低，或是你拒絕多少次，市場先生第二天會提出新的價格，天天如此。巴菲特說，這個故事的寓意是：市場先生是你的僕人，不是你的指導者。

一九八九年三月，股票市場大漲，巴菲特寫道：

> 「我們不知道這波漲勢會持續多久，也不知道什麼會改變政府以及買賣雙方的態度。但是我們知道，當別人的行為越不慎重時，我們就應該更加慎重。」

二十世紀最後幾年，波克夏的股價直往下跌，投資人群情激動，認為應該投資科技或是網路類股，再加上併購通用再保公司，還有傳言巴菲特健康情形堪慮，已經無法像以前那樣有傑出的績效。一九九八年中期，波克夏的股價達八萬美元，到了二〇〇〇年三月，股價幾乎腰斬一半。巴菲特在二〇〇一年的年度報告中寫道：

「這是一個奇特的巧合：二〇〇〇年三月十日，大泡沫被戳破了（雖然當時我們不知道這件事實，幾個月之後才知道）。當天，那斯達克指數五一三二點，創下歷史新高（目前為一七三一點）。同一天，波克夏的股價成交值為四萬零八百美元，是一九九七年年中以來的最低價。」

儘管如此，在股價下跌時期，波克夏的帳面價值還是增加，只不過增加很少。到了二〇〇五年，波克夏的股價漲回來了。不過，巴菲特很遺憾沒有趁機多賺一點，因為他有些公司的固定持股，應該在漲過頭時賣掉。

「我沒有在大泡沫時期賣掉我們持股較多的幾家公司股票，實在是一大錯誤。如果這些股票的股價現在完全反映出價值，你一定會納悶，四年前這些股票的真正價值很低，而股價卻很高時，我到底在想什麼，我自己也都覺得奇怪。」

當狀況顛倒時，投資人如何確定被市場低估的股票最後終究會上漲？

「我為葛拉漢紐曼公司工作時，我的老闆是葛拉漢，我問他這個問題。他只是聳聳肩膀，回答說最後還是要看市場。他說得沒錯，短期而言，市場就像是投票機器；長期而言，市場像是磅秤。」

「大眾充滿貪婪、恐懼與愚蠢，這是可以預測的。結果如何則是無法預測。」

「市場就像是上帝，幫助自助者。」

不要理會市場先生的心情

「查理跟我對於市場從來都沒有意見，因為市場不會因為我們的意見而變好，本來好好的可能因為我們的意見而受到干擾。」

「你不可能靠著氣象風向標而致富。」

「市場只是一個參考點，看看是否有人在做蠢事。我們投資股票，就是要投資企業。」

「如果我們發現有一家公司不錯，市場的動向不會影響我們的決定。我們逐一比較各公司，基本上不會花時間考慮總體經濟的因素。換句話說，如果有人交給我們最權威的總體經濟預測資料，像是未來二年的失業率或利率等等，我們會置之不理。我們只是專注在我們認為了解的企業上，以及想要以什麼價格買入，還有管理如何。如果我們看到國會可能有什麼相關的措施，我們連新聞都不看的。對於這些事情有什麼意見，我們認為不會有什麼幫助。」

「凱因斯（John Maynard Keynes）說過，不要去想市場在做什麼，去想你所知道的企業，專心在這家企業上。」

「有些人為了某種理由，選股的線索只注意價格，而不注重價值。你做你不了解的事情，或是以前別人這樣做有效果，那是不會有結果的。因為股票正在上漲而去買，這是全世界最笨的理由。」

「未來總是曖昧不明，跟著大家一窩蜂追高，就會套牢。實際上，不確定才是長期價值買家的朋友。」

聆聽機會的呼喚

雖然巴菲特無法預期市場的動向，不過總是會出現股價顯然太高或太低的時候。跡象就在於很少價值被低估的股票可以買（股價在最高檔），或是有許多好股票但是投資人無法全買（市場在低檔）。一九七三年，股價在高檔。

「我覺得就像是一個性慾過盛的男人身處荒島上，我找不到可以買的股票。」

一九七四年，巴菲特的狀況沒有改變，但是他的地位變了（就跟股市一樣）。他告訴記者：

「我覺得就像是一個性慾過盛的男人身處後宮，這是開始投資的好時機。」

「整體而言，波克夏與長期股東從股市下跌中獲利，就像是定期購買食物的人，食物價格下跌對他有利。所以，股市難免下挫，這時候不必驚慌，也不要悲傷。這對波克夏而言是好消息。」

有時候，波克夏找不到理想的投資標的：

「目前股票與債券都不看好。梅．蕙絲特（Mae West）曾經宣稱：『我只喜歡兩種男人：外國人與本國人。』我發現自己的情況正好跟她相反。」

巴菲特說，當「熊在發送股票」時，他喜歡這時候進場。

無論市場狀況看多或看空，機會都可能出現。有一次，田納西大學一群學生參加學校一年一度的教學旅行，他們到奧瑪哈研究波克夏海瑟威公司，並且拜訪巴菲特。每年參訪團結束之際，學生會送給他一份禮物，像是他們教練簽名的足球或籃球等等。二〇〇三年，他們送給巴菲特一本書，是克萊頓房屋公司（Clayton Homes）創辦人吉姆．克萊頓（Jim Clayton）的自傳。

「我已經知道這家公司是預製房屋建築業的典範，因為我先前買過『橡木房屋』（Oakwood Homes）的一些垃圾債券，算是該行業最大的公司之一，賠了一點錢，所以我知道。我買的時候不知道房屋製造業的消費者金融業務如此糟糕，不過我也學到教訓，橡木房屋很快就破產。」

巴菲特知道克萊頓，在借貸上「做法比起主要對手要好得多」。巴菲特收到這本書時，告訴學生說他非常佩服克萊頓，沒多久之後，他打電話給吉姆的兒子凱文．克萊頓（Kevin Clayton），說他很佩服他父親。在電話中巴菲特深信，目前經營這家公司的凱文，具備兩個非常優秀的管理特質，他既誠實又能幹。

「不久之後，我只是根據吉姆的書、對凱文的評價、克萊頓的財務報告，以及從橡木房屋學到的經驗，就出價要收購這家公司。」

克萊頓的董事會馬上接受，因為房屋業處境艱難，一般說來很難得到大規模的融資。他們很高興由巴菲特提供與管理資金，而讓他們來經營公司。後來克萊頓買下橡木房屋的資產，結局十分圓滿。

「達成這筆交易之後，克萊頓的製造能力、勢力範圍、銷售據點都大為增加。

當初我們以很高的折扣買下橡木房屋的債權，可能會有點利潤，算是附加利益。」

了解價格與價值的差異

「價格，是你付出的；價值，是你得到的。」

一九九二年，波克夏併購奧瑪哈的中州保險公司（Central States Indemnity Co.），老威廉．季瑟（William M. Kizer Sr.）描述談判的過程：「他提給我們的價格是公司年營業額的十倍。我建議說：『好吧！去年我們有一千萬美元營業額，所以我沒算錯的話，就是一億美元。』說完我差點喘不過氣來。他說：『好的。』我說：『一億二千五百萬美元如何？』他說：『太遲了。』」

尋找內在的價值

內在的價值非常重要，同時也是很難理解的概念：

「沒有方法可以算出內在價值，你必須了解正考慮購買股票的公司。」

「評估一家公司的價值，是藝術，也是科學。」

「不一定要到谷底才開始買進。企業低於你所認定的價值，就要賣出，而且企業必須由誠實又有能力的人來經營。但是如果你能以低於今天價值的價格買進，而且你對管理階層有信心，購買一籃子這種企業的股票，你就會賺錢。」

不必擔心價值型投資人突然都來買股票：

「我從事投資三十五年來，看不出有走向價值型投資的趨勢。似乎人性中有些彆扭的特質，喜歡將簡單的事情搞得很複雜。」

「群眾瘋狂殺出時，波克夏就買進。」

「大多數人對股票有興趣，是因為其他每個人都在玩股票。當其他人都不感興趣時，才是進場好時機。跟著大家搶進熱門股，很難賺到錢。」

「你不必是個火箭科學家。智商一百六十的人，投資不見得就一定贏過智商一百三十的人。最重要的是合理性。」

投資的雪茄頭

華倫．巴菲特在哥倫比亞大學是葛拉漢門下很認真的學生，有一次他到紐澤西州參加一家公司的股東會，葛拉漢是這家公司的股東。華特．許羅斯當時在葛拉漢紐曼公司工作，也去參加這個會。他們相談甚歡，相約吃午飯，從此成為好友。許羅斯後來離開葛拉漢的公司，自己創業。巴菲特在他著名的文章〈葛拉漢與陶德的超級投資人〉中，特別提出許羅斯的投資紀錄相當驚人。

三十九年來，無論景氣好壞，許羅斯總計每年獲利超過二〇％，相對之下，標準普爾工業指數不到一〇％。許羅斯將基金費用降到最低，而且基金沒有賺錢的年度不收管理費。許羅斯說：「如果績效不好，我認為就不應該收費。」

巴菲特說：「我認為華特的經營風格給我們上了一課（查理已經很擅長）。華特辦公室一年的費用，跟我們『站不住腳號』飛行一次的費用差不多。」

在紐約證券分析師學會所舉行的葛拉漢百歲誕辰紀念會上，巴菲特與許羅斯互相開玩笑，以下是濃縮摘要。巴菲特解釋說，葛拉漢覺得使用任何工具，像是跟高級主管開會，一般投資人無法做到，因此有點像是欺騙。

巴菲特：我傾向於欺騙，但是華特比較有潔癖。我要告訴各位，多年來，他的投資成績不錯！

許羅斯：我真的不喜歡跟經理人談話。股票其實很好處理，股票不會跟你爭吵，沒有情緒問題，你也不必跟股票握手。現在，華倫是個不平凡的人，他不只是很好的分析師，很好的銷售人員，他對人的判斷也很好。這是一個很難得的組合。如果是我要買下一家公司加上某人，我很肯定這個人第二天就會離開。我會誤判他的個性，或者不了解他是真的不喜歡這家公司，真的想要賣掉，然後離開。

許羅斯（討論到後來）：我擁有許多股票，華倫不喜歡那些股票，但我也沒辦法。你必須做讓自己舒服的事情，即使不像華倫所做的那麼賺錢。因為我擁有那麼多股票，任何一種股票的風險就不是那麼大。我想要買的是資產被低估的股票，而不是看盈餘。我根據資產而不是盈餘，做得還不錯，因為盈餘總是會有變化。

巴菲特（討論到後來，不準備放棄這個議題）：華特擁有好幾百種股票，我稱之為「雪茄菸頭」方法，你發現這些被抽過只剩一小截的雪茄，但是這些是免費的。你撿起這些雪茄，免費抽上一口。任何東西都有一個價錢。最近，華特說他應景買了新的雪茄，不過是大減價時候買的。

許羅斯在另一個場合說巴菲特：「沒有人像他那樣……很難持續成長。也許他會將波克夏與加拿大合併。」

盈餘

盈餘，或是期望未來有盈餘，賦予股票價值：

「我喜歡投資報酬率高，而且很可能繼續高盈餘的股票。例如，我們上次購買可口可樂，當時本益比大約二十三。以我們的買價跟今天的盈餘相比，本益比大約是五。這真的是資本利用、資本報酬與未來資本利得，跟今天購買價格的互動。」

「如果這家公司經營很好，股價最後會上漲。」

巴菲特解釋購買盈餘高的股票，是對抗通貨膨脹的避險工具：

「引起通貨膨脹的金融條件，是獲利高的企業需要相對較少的借貸資本，通常這些企業的信用也是最好，這是很諷刺的事。但是獲利能力總是落後，而且永遠不夠。比起十年前，借貸銀行更加了解這問題，因此比較不願意借錢給渴望資金而獲利能力又低的企業，以免他們利用財務槓桿將自己拱上天。」

巴菲特在討論所羅門公司的業務方向時指出，一季的財務結果是無法看出盈餘的趨勢：

「只要一年的投資報酬率能夠達到一五％，就不必擔心一季的結果如何。」

向前看，不要向後看

「退休基金的經理人做投資決策時，眼睛老是看著照後鏡。這種打最後一仗的方法，過去已經證明代價太高，現在也很可能一樣代價很高。」

「當然，今天的投資人並不是從昨天的成長中獲得利益。」

規避風險

作家提摩西．維克（Timothy Vick）解釋說：「華倫總是設法將他的損失降低到零，有人說巴菲特是偉大的選股專家，我認為他是非常懂得規避不良投資。」

「我很重視確定性……，如果注重確定性，風險因素這整個概念，對我來說就沒有任何意義。不注重確定性，風險就會很大。但是買價低於股票價值，就不會有風險。」

巴菲特經常以《華盛頓郵報》作為無風險投資的案例。一九七三年，郵報的市場價值為八千萬美元，而且公司沒有負債：

「如果你問這個行業的任何人，郵報的資產值多少，他們會說四億美元上下。就算是半夜兩點，你在大西洋中間，如果有這樣的拍賣會，你也會派人參加競標。而且郵報由誠實又有能力的人經營，經營者擁有相當多的公司股份。這是非常安全的交易，就算將我全部的財產放進去，我也不會感到憂慮，一點都不會。」

「風險來自不知道自己在做什麼。」

保險業做的就是承擔風險，有時候還得承擔「大災害」，尤其是再保業務。巴菲特的保險集團承做二〇〇二年冬季奧運的保險、拳擊手麥克·泰森（Mike Tyson）的壽險，以及許多彩票的保險業務。波克夏公司在二〇〇一年九月十一日之後，還是繼續承接重大的恐怖攻擊再保的保單。

「當市區發生大地震，或是歐洲遭受冬季暴風雪襲擊，請為我們點起一盞燭光。」

九一一恐怖攻擊世貿中心，造成波克夏海瑟威再保集團損失二十二億美元。二〇〇五年，卡崔那、麗塔與威瑪颶風襲擊美國，保險部門損失二十五億美元，再度遭受嚴重打擊。生存的訣竅就是公司體質要健全，足以承受偶爾發生的重大挫折。雖然二〇〇六年平靜無事，不過對保險公司來說，颶風與氣候因素的事件變得更加麻煩：

「二〇〇四年到〇五年恐怖的颶風只是偶爾異常的現象嗎？或者這些颶風是地球第一次發出警訊，預告二十一世紀的氣候將會跟過去顯著地不同？如果第二個問題的答案是肯定的話，二〇〇六年的平靜只是短暫的假象，未來將會有一連串的狂風暴雨。這將會對保險業造成震撼。認為颶風最嚴重的就像是卡崔那這一級的人，實在是太天真了。」

承擔計算過的風險與抱持太大的希望，這兩者之間有很大的差別：

「很久以前，牛頓提出運動三大定律，真是天才傑作，但是牛頓的天賦並沒有展現在投資上。他在『南海泡沫事件』（Sea South Bubble，譯註：一七二〇年英國投資狂潮引發的股價暴漲暴跌事件，泡沫經濟的語源就是出自於此事）虧損嚴重，他後來解釋說：『我能算準天體的運行，卻無法預測人類的瘋狂。』如果牛頓沒有因為虧損而心理受到創傷的話，也許會發現第四運動定律：就投資人整體而言，運動增加則報酬減少。」

不要投機賭博

「無論真正的勝率有多麼渺小，以小搏大總是引誘人去投機賭博。所以拉斯維加斯賭場的廣告以及樂透彩券，總是以高額累積獎金作為標題。」

有些期貨市場的產品，根本就像是賭場老闆以賭博斂財：

「交易越頻繁，大眾負擔的成本就越高，經紀人賺走的錢也越多。」

如果你在賭場，小心你喝的飲料：

「你跟市場上許多笨蛋交手，這就像是大賭場，每個人都開懷痛飲。如果你堅持只喝可樂，就不會有問題。」

格蘭托爾經紀公司（Gruntal & Co.）的馬歇爾・溫伯格（Marshall Weinberg）談到

跟巴菲特在曼哈頓午餐，他說：「巴菲特點了客火腿乳酪三明治，覺得很好吃。幾天後，我們再度出去吃午飯。他說：『就去那家餐廳。』我說：『但是我們上次才去過。』他說：『沒錯，何必冒險換另外一家餐廳？我們知道這家口味錯不了。』這也是巴菲特選股的態度，他只投資有勝算，不會讓他失望的公司。」

「大家喜歡下星期可能贏得大獎的樂透彩券，更甚於慢慢致富的機會。」

在市場投機是對投資人不忠，對於國家經濟也有負面的影響：

「這些工具跟股市其實作用相同，國家不需要太多人在這不重要的工具上投機，經紀人也不應該鼓勵投資人投機。我們需要的投資人與顧問，必須能夠找出長期看好的企業，然後根據這樣的結果做投資。我們需要的是有智慧的投資資本家，而不是善於操縱財務槓桿的賭徒。以理性智慧來運作的資本市場沒有提升，反而因為投機操作而向下沉淪，雖然兩者的運作領域相同，使用的語言也類似，甚至提供服務的人員也是一樣的。」

注意不尋常的狀況

「卓越的公司遭遇不尋常的狀況，導致股價被錯估，這時候就是投資的最好機會。」

「只有在退潮的時候，你才會知道誰裸體游泳。」

避免負債過高

巴菲特說借錢就像是在方向盤上面綁著一把匕首，直指你的心臟：

「總有一天，你會碰到坑洞。」

查理・孟格對於負債也有意見：「華倫與我都不敢將現金全部拿去買股票，將自己的股票抵押給他人，總是有可能造成危機。理想的借貸是短時間之內不會有事情使你心神不寧。」

巴菲特也說，美國貿易赤字不斷地增加，累積的債務由美國資產作保，這是非常危險的：

「在我們試圖達成貿易平衡時，我們的財富是我們的詛咒。如果我們不是那麼富裕，商業的現實會限制我們的貿易赤字。不過，因為我們有錢，可以不斷將我們賺來的資產去交換一些小玩意兒的消耗品。我們就像是有錢的地主，現有的收入不夠開銷，只好每年賣些田地維持生活。除非所有田地都賣光了，否則還很快活地過日子。不過，總有一天他們會從地主變成佃農。」

巴菲特對於貿易問題有個解決方法：貨品出口之後，發給同等價值的進口證，憑證才可以進口貨物入美國。出口商可以將進口證賣給進口商。這套買賣或交換進口證的制度將會逐步形成，進口將會永遠等於出口。一九八七年，巴菲特在《華盛頓郵報》專欄版上提出這個計畫，也許是因為這個計畫會提高進口商品價格，減少美國對於外國商品的消耗（美國人的消費超過生產），大家並沒有採納巴菲特的計畫。

尋找使人驚嘆不已的交易

撰寫巴菲特投資風格的作家，說他如何評估一家公司今天與未來的現金流量，然後利用合理的利率，再算回到現在的現金流量。有沒有可能巴菲特只是用心算？也許，似乎沒有他用紙筆計算的跡象：

孟格深呼吸一口，說：「華倫談到這些現金流量……我從來沒有看他計算過。」

巴菲特的投資方法，簡單說，可以分成三大項：

1. 一般投資：價值被低估的好股票，相當安全。
2. 控制投資：波克夏公司能夠控制利益或是完全擁有的公司。有些案例，像是波克夏海瑟威與蓋可最早擁有的公司，巴菲特逐漸地將這些公司從一般投資轉變成完全擁有。
3. 套利或是特殊狀況：因為併購、收購、組織重組、清算、錯估匯率或商品市場等，所出現的機會。

有一次在商業研討會上，巴菲特說：「因為今天晚上我母親不在這裡，我甚至要對各位承認，我以前做過套利。」巴菲特在葛拉漢紐曼公司時學會套利，簡單說，套利就是在一個市場以低價買進，在另一個市場以高價賣出。當一家公司宣稱要以比現在市場價格較高的價格收購另一家公司，巴菲特就進行套利：

「一旦有人宣布，我們就尋找套利的交易。我們看他們的宣布內容，我們認為值不值得，必須付出什麼，多久可以進場。我們計算完成收購的可能性。主要是計算，公司的名稱為何沒有什麼差別。」

一九九八年，巴菲特宣布波克夏已經收購一億二千九百七十萬盎司的白銀，相當於全世界地表上存量的三〇％。巴菲特從一九九七年七月二十五日開始買進，當天白銀期貨合約是每盎司四．三二美元，是六百五十年來最低價。波克夏的白銀總共花了他六億五千萬美元。一九九八年二月，他宣布購買白銀時，他的投資金額已經增長到八億五千萬美元。

自從一九八〇年亨特兄弟（Hunt Brothers）企圖壟斷白銀市場以來，這是單一地點存量最高的一次。儘管巴菲特貯藏的白銀數量驚人，不過只占波克夏資本的二%。

巴菲特第一次對白銀有興趣是在一九六〇年代，當時美國政府即將停止用白銀作為發行貨幣的準備。雖然他後來沒有買白銀，但是他一直注意白銀的基本走勢。由於使用者的需求超過礦場開挖與回收的產量，銀塊的存量快速減少，巴菲特與孟格認為供需均衡會重新調整，銀價也會上漲。

供需均衡花了許多時間才找到平衡點。在二〇〇〇年股東會上，孟格解釋說：「走勢相當疲軟。」不過，銀價緩慢回升，二〇〇五年每盎司八．八三美元，二〇〇七年二月每盎司十三．七三美元。九年之間，巴菲特的白銀漲了三倍，價值將近十三億美元。

要有耐心

「投資沒有所謂的『好球』（called strike）。你站在打擊區，投手投出正中好球。如果是通用汽車一股四十七元，你不知道通用汽車四十七元是否可以出擊，你放走這個機會，沒有人會喊這是好球。只有你揮棒落空，才會被主審叫好球。」

在另一個場合，巴菲特說：

「球還在投手手套中，我絕對不會去揮棒。」

「當機會來臨時，你就要去做。有時候我點子源源不絕，有時候絞盡腦汁一無所有。如果我下星期有個點子，我就會去做。如果沒有點子，就什麼也不做。」

「在一個郵件可能延遲三個星期的地方，你可能做出很好的投資。」

為自己著想

孟格說巴菲特來自奧瑪哈，具有開拓者充滿自信的態度，孟格說：「巴菲特認為，成功的投資從本質上來說天生是獨立的。」

巴菲特對於經紀人的建議是否在意？

「千萬別問理髮師，你是否應該理髮了。」

至於股票市場的預測者：

「預測通常告訴我們誰是預測者，而沒有說未來會怎樣。」

經常有人邀請巴菲特投資他們的點子，他總是說：

「我出點子，你出錢，那我們就可以合作。」

巴菲特與孟格組成二人委員會，有時候，甚至孟格也顯得像是外人：

「我認為的團隊決策，就是我看著鏡子。」

「如果（前任）聯準會主席艾倫．葛林斯潘（Alan Greenspan）私下告訴我，未來兩年他的金融政策如何，我也不會改變我做的事情。」

尤其是不要聽電腦：

「設計出越多的工具，演奏者就必須更加聰明。」

「你必須為自己著想。有些人智商很高，卻不用頭腦去思考，只知模仿，這令我很訝異。我從來不會將好點子告訴其他人。」

巴菲特給投資散戶的建議是：

「你應該要知道企業是如何經營，也要了解商業會計的表達方式，對於投資對象要有點熱情，要有良好個性，這可能比智商還要重要。這些特質讓你能夠獨立思考，避免盲目跟隨群眾，有時候群眾激情往往影響投資市場。」

了解會計的基本概念，這是一種自衛的型態：

「經理人想要對你隱瞞事實，他可以做得不會違反會計原則。經理人想要玩弄花樣，至少在某些行業也可以做得不會違反會計原則。如果你無法分辨差異，你就不應該從事選股這一行。」

小心華爾街

「乘坐勞斯萊斯汽車的人向搭乘地下鐵的人請教，這種事只有在華爾街才會發生。」

「其他領域的全職專家，譬如說牙醫師，一般人可以從他們身上得到許多幫助。但是總體來說，民眾從專業理財經理人那得不到什麼幫助。」

「華爾街喜歡將瘋狂的金錢遊戲說成是對社會有幫助的巧妙活動，對於複雜的經濟有微調的功能。但是事實正好相反，短線交易往往就像是看不見的腳，暗中絆倒社會。」

選擇權交易是巴菲特喜愛的目標：

「我一直想像，有一艘船載著二十五名經紀人，船隻失事之後他們游上一座小島，沒有人會來救他們。我很好奇的是，面對經濟發展，為了提供最多的消耗品與娛樂，他們會不會指定二十人生產食衣住等物品，然後讓另外五人不斷從事這二十人未來產出的選擇權交易？」

「對華爾街許多人來說，企業與股票只是他們交易的原料而已。」

查理．孟格說他同意凱因斯的說法，認為投資管理是「卑微的職業」（low calling）。

「在實際經營企業與資金配置上，華倫跟我有點不同。凱因斯為他的大學賺錢以及為國服務彌補他的『罪』。我做其他的活動來贖罪，而華倫以他的成功投資成為偉大的老師。我們年輕時沒有錢，有些人那時候就相信我們，我們都喜歡為這些人賺錢。」

只買你了解的股票

「投資必須要理性，如果你不了解，就不要投資。」

有人問巴菲特，如何利用衍生性金融商品當作投資工具，他說這有雙重的風險：很少投資人真的了解衍生性金融商品，而且往往大量使用槓桿操作。

「茫然無知又借錢投資，結果可能很有趣。」

「我希望能夠解釋我所犯的錯誤。這表示我只做我完全了解的事。」

巴菲特有幾年投資貨幣賺了不少錢，這些遠期外匯契約，其實都是衍生性金融商品：

「你也許覺得好奇，為什麼我們要做這些風險高的投機？因為這些衍生性金融商品就跟股票與債券一樣，有時候價值也被嚴重低估。」

巴菲特說他多年來很少投資衍生性金融商品，通常投資金額都很龐大。他親自管理這微妙複雜的投資，目前為止稅前利潤有好幾億美元。

波克夏擁有四百萬股的通用食品公司股票，一九八五年十月，通用食品公司賣給菲利普莫里斯（Philip Morris Co.），波克夏獲利三億三千二百萬美元。通用食品公司著名的品牌有Tang、Jell-O、Kool-Aid等，巴菲特說：

「我可以了解Kool-Aid。」

老狗搜尋新市場

對個股適用的，也適用於整個股市。不過，巴菲特改變了股市，他曾經說過：

「你在這文化中長大，要了解這文化的特性與複雜，卻有夠困難，更別提對其他文化的了解。不管怎樣，我們大部分的股東必須以美元付帳單。」

此外，美國證券市場很龐大：

「如果我無法在五兆美元的市場裡賺錢，就會開始想，也許我應該到幾千里外的地方，開始展現我的本質。」

巴菲特對於外國投資的態度逐漸軟化，部分是因為美國很少有吸引人的投資，不過也跟他對美國貿易失衡的觀點有關，他認為貿易失衡的負面影響最終會使美元走強。

二〇〇二年，巴菲特買下美元兌其他貨幣的遠期外匯契約，價值一百一十億美元，結果賺了二十二億美元。不過，因為遠期外匯契約會計規定的關係，利潤分散在每季。巴菲特開始降低外匯的部位，轉而購買以各種外匯計價的證券，在其他國家也賺了不少利潤。到了二〇〇六年，由於利潤差價消失，他就退出直接做外匯的市場。

二〇〇二年，巴菲特到英國，他告訴《週日電訊報》（*Sunday Telegraph*），他在英國尋找「大筆交易」：

「我們在獵象……我們帶著獵象槍，而且裝滿子彈。」

他在英國的收購對象包括酒廠聯合多美（Allied Domecq PLC）、約克郡電廠（Yorkshire Electricity）與特易購連鎖商店（Tesco）。他也買下韓國浦項鋼鐵廠（Posco）四%的股份，而且冷不防地收購幾家以色列科技公司。

二〇〇六年，巴菲特在波克夏股東年會上說，如果讓他重新開始，他會在全世界進行投資。

中國石油公司

以市場資本來計算，中國石油（PetroChina）是全世界第四大的石油公司，排名在荷蘭皇家殼牌（Royal Dutch Shell）之後。波克夏持有中油二十三億股，占中油外國持股的一．三％。巴菲特以四億八千八百萬美元買下這些股份，二〇〇六年下半年增值到三十三億美元。

中國石油的大股東是中國政府，再加上中非蘇丹發生摧殘人權的暴行，迫使巴菲特在波克夏的網站上刊登一篇評論。激進主義分子宣稱中國石油在蘇丹有龐大的石油投資，提供資金給專制極權的政府。有許多人呼籲巴菲特賣掉中國石油的股份。

巴菲特在網站的評論中指出，雖然中國政府在蘇丹有種種活動，但是他沒有看到中國石油在蘇丹活動的證據。

「不能把中國政府的活動歸咎於中國石油公司，也不能視為中國政府所控制的其他大企業，像是中國移動通訊（China Mobil）、中國人壽保險（China Life）與中國電信（China Telecom）所做的。子公司沒有能力控制母公司的政策。」

巴菲特繼續警告抗議者，對於無意中造成的結果要小心。如果中國賣掉在蘇丹的投資，將被迫以很低的價格出售，最可能的買家將會是蘇丹政府。

「經過這樣的交易，蘇丹政府的財務轉好，石油的收入將會大增。由於石油是通用性的產品，蘇丹產出的石油可以在世界市場上銷售，就像是海珊時代伊拉克的石油以及現在伊朗的石油可以到處銷售。提議中國政府賣掉在蘇丹投資的人，應該問最重要的經濟問題，『接下來怎麼辦？』」

擴大能力圈

擴大能力圈的方法：

「圈選出你所了解的企業，然後按照價值、良好管理，以及是否受到不景氣影響等因素，刪掉不合格的企業。」

接著：

「我一次只選一種行業，並且培養六種專業知識。我現在不會接受任何行業的傳統看法，我會自己好好想一遍。」

「如果我在觀察一家保險公司或是紙業公司，我會設想我剛繼承這家公司，這是我家庭將永遠擁有的唯一資產。」

「我要怎麼做？我要想什麼？我要擔心什麼？誰是我的競爭對手？誰是我的顧客？出去跟顧客聊聊，找出這家公司與其他公司相較之下的優缺點。」

「如果你都做了，可能就會比管理階層更加了解這家公司。」

「如果有人告訴你，他可以利用『價值現場』（Value Live）以及黑板評估所有股票的價值，那一定是吹牛的，因為沒有那麼簡單。但是如果你花時間專心研究某些行業，你會學到有關價值的許多學問。」

巴菲特只投資他所畫出的能力圈之內，因此錯過一些很好的投資，因為他沒有能力或知識評估這些公司：

「我錯過投資行動電話，因為這不在我的能力圈之內。」

能力圈可能是一輩子的事。一九九五年，波克夏買下蓋可公司四九%的股份，巴菲特發現他的教授葛拉漢是蓋可公司的董事長，他開始對蓋可公司有興趣：

「二十歲的時候，曾經將我一半以上的淨值投資在蓋可公司。」

有人問他為什麼投資保險公司，因為保險業的股價起伏波動很大：

「有時候很好，不是經常都好，有時候很可怕。」

就看如何管理風險：

「我可以到急診室賣人壽保險，只要你能讓我收取夠高的保費。」

附註：巴菲特投資保險浮存金（insurance float）的技巧相當有名，浮存金是已經收取的保費但是還沒付出的理賠金。

巴菲特常說：

「我的原則應用在科技類股還是有效的，但是我們不知道如何做。如果我們造成你的虧損，希望明年還能在此解釋我們是怎麼做的。我確定比爾．蓋茲也會應用相同的原則。他了解科技股，就像我了解可口可樂或吉列刮鬍刀。我確定他尋求的是安全。我確定他處理的方式，就像他擁有這家公司，而不只是股票。所以我們的原則可以適用於任何科技類股，只不過我們沒有去做。如果我們在能力圈內無法發現適合對象，我們不會擴大能力圈。我們會等待。」

查理．孟格對於這議題有他自己的觀點：「能力圈有三個籃子，進、出與太困難。很多都被丟進太困難的籃子裡。」

也許是因為跟比爾．蓋茲的友誼日增，並且跟蓋茲討論過，所以巴菲特開始轉移到較高層次的科技類股（蓋茲於二〇〇五年加入波克夏的董事會）。一九九九年，巴菲特買進大湖化工公司（Great Lakes Chemical Corp.）六．八%的股份，以及ＴＣＡ有線電視公司（TCA Cable TV）八．一%的股份。二〇〇二年，巴菲特投資Level 3電信公司五億美元，Level 3電信公司從事全美國高速網路聲音與資料傳輸業務。巴菲特對於Level 3電信公司有信心，是因為這家公司由奧瑪哈的彼得奇威公司（Peter Kiewit Sons Inc.）的子公司所創立，並且由巴菲特的朋友小華特．史考特（Walter Scott Jr，他也是波克夏的董事）擔任董事長：

「有時候你在核心能力之外，投資Level 3電信公司就是這種情況。但是我願意下賭注在這些人身上，我認為我了解他們。有時候，其他人也會下賭注在我身上。」

巴菲特繼續擴大他的能力圈，買下Nextel（譯註：行動通信服務商）的債權與優先股，並且買下ＴＴＩ公司，ＴＴＩ是被動互聯電磁元件的主要批發廠商，總部設於德州沃斯堡（Fort Worth），是全世界第七大的元件批發商。

買老花眼鏡

巴菲特如何決定一家企業的價值呢？他大量閱讀。

「我閱讀公司的年度報告，以及該公司競爭對手的年度報告，這是資料的主要來源。」

他第一次對蓋可公司感興趣時，據巴菲特說：

「我閱讀很多資料，我到圖書館……先從最佳保險業服務評比開始，看了很多家公司的資料，閱讀相關的書籍與年度報告，找保險專家談，有機會就跟管理階層聊聊。」

孟格也同意閱讀是很重要的：「我這輩子就不知道有誰是不閱讀的聰明人，一個也沒有。華倫閱讀之多，你會感到訝異……我的孩子可能認為我是兩腳書櫥。」

巴菲特說，如果你什麼都不懂，不要責怪自己：

「寫個會計的註腳，解釋人壽公司的『遞延取得成本』（deferred acquisition cost），或是任何你想要做的事情，這不是不可能的。你能夠寫，所以你才了解。如果你不了解還能寫得出來，那我也很懷疑。如果我不了解註腳寫的是什麼，我不會投資這家公司，因為我知道他們不要我了解。」

成為調查記者

《華盛頓郵報》記者鮑伯．伍得華（Bob Woodward，揭發水門案的記者）有一次問巴菲特，如何分析股票：

「調查就是報導。我告訴他，想像自己奉命對自己的報社做深入報導。他會問許多問題，挖掘出許多事實。他會對《華盛頓郵報》非常了解，就是這樣。」

巴菲特的研究有時候喜歡探究到底。羅斯餐廳（Ross's）是他最喜歡的奧瑪哈牛排館，有一次他坐在櫃檯後面，計算有多少顧客使用美國運通卡。有時候甚至不像是在做研究：

「我記得有一次下午二點鐘，我到四十五街的百老匯一家戲院去看《歡樂滿人間》（*Mary Poppins*）。我有一點事情，就到售票處跟小姐說：『我要到附近接小孩。』我是想知道，這電影未來是否還會一再播映。」

簡單就好

有朋友建議巴菲特投資房地產，他回答說：

「股票市場如此容易，我何必去做房地產？」

「價值型投資的概念似乎很簡單也很平常，相較之下，念書攻讀經濟學博士好像是一種浪費。有點像是在神學院念了八年，然後有人告訴你，最重要的就是十誡。」

有人問，他與孟格在他們所買下的公司如何執行「盡職調查」（due diligence），巴菲特回答說：

「如果你必須徹底調查，那一定是哪裡有問題。」

查理說他們曾經在一次收購案中被傳喚，被要求提出他們幕僚的報告，孟格說：「根本沒有什麼報告，也沒有任何幕僚。」

一九八六年，波克夏海瑟威在報上刊登廣告，尋找收購的公司。廣告說：

「我們沒有幕僚，我們不需要跟顧問、投資銀行、商業銀行等討論貴公司。跟你進行交易的人，只有波克夏的副董事長查理．孟格與我。」

「投資要做的，就是在好的時機挑選好的股票，只要他們維持公司運作良好，就繼續抱著他們的股票。」

「談到商學院，我總是說，如果學生畢業時發給每人一張二十個洞的回數票，他們可能會更好。每次他們做投資決策，就打一個洞。如果你為了更好的機會，就會謹慎使用，永遠也不會用完這二十個洞。」

附註：《富比世》雜誌專欄作家馬克．修伯特（Mark Hulbert）曾經統計過，如果將巴菲特最好的十五個決策從其他數百個決策中扣除，他的績效只是中等而已。

查理．孟格談到這個簡單的理論：「如果你相信華倫所說的，你就可以在幾個星期內教完整的投資組合管理課程。」

要有雄心壯志

幾年前，在波克夏海瑟威股東年會開幕時，巴菲特拍拍麥克風，測試是否開啟：

「測試……一百萬、二百萬、三百萬。」

「我以前經營投資合夥生意時做過一項研究，比較我們所有的大投資與小投資，發現大投資總是比小投資效益更佳。做重大決定時，開始的時候總是要密集討論，要克服種種考驗，或是要具備一些知識；做小投資時可能就草率行事。有人說：『我買了一百股某某股票，因為昨天晚上在聚會時聽到有人報這支明牌。』做小決策時往往就是這樣，你不需要很好的理由就去做了。」

「我無法同時做五十或七十五件事情。那是諾亞方舟式的投資，最後將一無所得。我喜歡將大筆的金錢放在少數的東西上。」

雖然巴菲特說過，小公司也可能有優異的成長，不過這些公司不適合像波克夏這種規模的控股公司：

「我們找尋的是波音七四七，不是模型飛機。」

「我就像是籃球教練，我在街上尋找的是七呎高的長人。如果有人找上我，說：『我身高五呎，但是你應該看看我運球，』我可沒興趣。」

無論大小，公司必須有卓越的績效：

「我寧願花一千萬美元買盈餘一五%的公司，更甚於花一億美元買盈餘五%的公司。」

7 知道你在找什麼

「當牽引機出現，馬就會被淘汰；汽車出現，馬蹄鐵匠也會失業。」

——華倫．巴菲特

波克夏海瑟威公司在《華爾街日報》刊登廣告，尋找可能的收購公司，條件如下，實際上也可說是價值型投資人的檢查表。

這則廣告說：我們尋找的是：

1. 大型企業（稅後盈餘至少一千萬美元，越多越好）。

附註：個人投資人可以不理會第一點。因為小筆交易無法在波克夏的盈餘中顯現出來。個人投資人可以從較小筆的投資獲利，其實是個優勢，因為可以選擇的股票種類較多。

2.獲利能力一直良好（我們對於未來計畫興趣不高，對於突然好轉的狀況我們也沒興趣）。

3.資產報酬率高的企業，而且負債很少或是沒有負債。

4.管理上軌道（我們無法提供管理）。

附註：這是管理良好的委婉說法。

5.業務內容簡單明瞭（如果牽涉到許多科技，我們無法了解）。

6.提出報價（即使是在初步的階段，我們不希望因為不知道價格，而浪費我們或賣方的時間討論交易）。

附註：小額投資人比較幸運，因為市場先生每個工作天都會提出價格。

每年巴菲特在波克夏海瑟威的年度報告中，都會針對他感興趣的企業，列舉出類似的特性清單。有時候，沒有列舉出清單，他說，這是因為：

「有點像是選擇妻子，你可以考慮得很周到，列舉出你喜歡她具備哪些特質。然後你突然遇到意中人，就這樣結婚了。」

不必精打細算

巴菲特說因為他從來沒有學過微積分，他只好同意某些人所說的，高級數學不是成功投資所必備的技巧：

「如果投資需要微積分，那我必須回去送報紙。我從來不覺得需要用到代數。基本上，你要設法搞清楚公司的價值。你必須算一下每股的盈餘，所以除法是必備的。如果你要去買一家農場或是一棟公寓或是一家乾洗店，我真的不認為你必須帶著人去計算微積分。你買對或是買錯了，就看未來這家公司的獲利能力，以及當初人家開給你的價格如何。」

「閱讀葛拉漢與費雪的書籍，多看年度報告，但是不必演算其中的數學方程式。」

如果高等數學對於選股不重要，為什麼學院與專業期刊卻充滿了量化分析？巴菲特回答說：

「每個職業團體都是這樣。如果沒有人在底層，你又如何能在高層？」

巴菲特之所以不重視數學，並非天生如此。他嘗試過其他一切方法之後，才有這種觀念：

「我以前將各種股票做出圖表，數據越多越好。」

巴菲特年輕時，對於科技資訊非常著迷。巴菲特發表的第一篇文章就是科技方面，當年他十七歲：

「當時《霸榮》（*Barron's*）有個條款說，如果我們描述如何使用他們的統計資料，他們刊登出來，將會支付五美元。我寫了一篇文章，關於我如何使用零股交易的數字。我使用統計數字唯一賺到的錢，就是這五美元。」

提倡節儉

「我只要一看到哪家公司進行削減成本的計畫，我就知道這家公司不是真的了解成本概念。節儉不是靠一時的衝動。真正好的經理人不會早上醒來說：『今天我要開始削減成本，』節儉應該就像呼吸一樣自然。」

波克夏海瑟威公司擁有七%的富國銀行股份，該銀行總部設於舊金山。孟格聽說富國銀行的執行長卡爾．雷查特（Carl Reichardt）發現，有位主管想要為辦公室買一株聖誕樹。雷查特告訴他要用自己的錢買。

孟格說：「我們一聽到這消息，就買進更多富國的股票。」

波克夏現在擁有一三．六六%的富國銀行股份。

對巴菲特來說，節儉是從家中做起。在一九九六年的波克夏股東年會中，他注意到：

「董事會去年總共減少一百磅的體重，他們一定是只靠董事的薪資過活。」

巴菲特為艾倫．格林伯格的《董事長備忘錄》（*Memos from the Chairman*，一九九六年）寫了一篇序言，虛擬一個人物漢姆欽柯（Haimchinkel Malintz Anaynikal），呼籲貝爾斯登的員工不要浪費資源，巴菲特寫道：

「漢姆欽柯像我，小氣、聰明、堅持己見。我真希望能夠早點認識他，因為我年輕時愚蠢無知，總是將迴紋針扔掉。但是提倡節儉永不嫌遲，我現在心甘情願追隨他，奉行他的主張。」

追求品質與節儉並不會互相衝突，巴菲特在美國廣播公司談到電視節目：

「有趣的是，好節目不一定比爛節目花得錢多。」

轉播運動節目也可能降低費用：

「我想如果足球的轉播權利金降低二〇％，品質應該還是一樣。只要所有的足

> 球運動員少賺一點錢就是了。泰．柯布（Ty Cobb，編按：美國前職棒球員）一年才賺二萬美元。到最後，如果運動節目能夠節省二〇%的費用，大部分都將來自運動員減少薪資。」

巴菲特在自己的財務方面也很節儉。一九九三年，他與「首都城市／美國廣播電視」前任董事長湯瑪斯．墨菲，在美國廣播電視公司的連續劇「我的子女」（All My Children）中客串演出，跟連續劇女王蘇珊．露西（Susan Lucci）合演。巴菲特與墨菲每個人只拿三百美元的演出費。

墨菲拿到支票時說：「我要把這張支票裱起來。」巴菲特說：「我要把支票存根裱起來。」

設定實際的目標

巴菲特說每年一五%的成長目標是很實際的，雖然他也不是很容易達成這個目標：

「如果我們要達成一五％的獲利，一年必須創造稅前盈餘四億美元，或是三億美元的淨盈餘，一天差不多一百萬美元，而我今天就這樣過了。」

附註：事實上，他通常能夠達成目標。從一九六三年到二〇〇五年，波克夏的帳面價值平均每年成長二一．五％。不過，規模越大就越遲緩。從二〇〇〇年起，巴菲特只有一年獲利超過一五％。

表面事實

不要將你的股票的績效表現視為你的個人表現。畢竟：

「股票不知道你擁有它。」

巴菲特對於娛樂與休閒產業有興趣，有他很好的理由：

「娛樂市場的獲利要比教育市場好。」

率。

案例：波克夏的《世界百科全書》很難達到巴菲特投資迪士尼公司一樣的亮麗報酬

巴菲特說，黃金是沒有生產力的：

「我們從非洲或某個地方的地底下挖出黃金，融解之後，再挖一個洞，然後將黃金埋進去，付錢雇人站在附近看守。黃金沒有一點用處，任何人從火星看地球人這樣做，一定百思不得其解。」

有人在波克夏的股東年會上問巴菲特，公司的股價這麼高，為什麼不分割股票，其他人相視而笑說：「又要說披薩的故事了。」

巴菲特說，這問題令他想起一個故事，有個人請披薩店將他的批薩切成四塊，而不要切八塊，因為八塊太多他吃不下。

他告訴他們，但是他們不聽

每年在波克夏海瑟威的年度報告中以及在股東大會上，巴菲特都會警告投資人，不要期望波克夏的績效能夠像以前那樣：

一九八五年：巴菲特在股東大會上告訴股東說：「我可以保證，我們不會像過去一樣好，我仍然認為我們可以比全美國的產業好。」

一九八四年，波克夏的成長率是一三・六%，而過去二十年的平均成長率是二二%。一九八六年，波克夏又創下四八・二%的成長率。

一九九二年：查理・孟格告訴《商業週刊》（*Business Week*）：「企業規模大到一定程度，就像一支錨，把你往下拖。我們知道這種事情一定會發生。」波克夏的股價一九九二年上漲了二〇・三%。

一九九五年：在波克夏海瑟威的股東大會上，巴菲特再度提出警告：「波克夏海瑟威未來的績效不可能像過去一樣好。」他解釋說：「口袋裡有太多錢，就不會有很好的成果。」無論如何，「我們沒有必要以相同的速率繼續賺錢。」

一九九九年到二〇〇五年：在這段期間，巴菲特的預測開始成真，每股的帳面價值只增加六．九六％。相對之下，從一九六四年到二〇〇五年，巴菲特控制公司期間，增長了二一．五％。不過，巴菲特還是勝過標準普爾五〇〇，從一九九九年到二〇〇五年，標準普爾五〇〇的帳面價值只增加三．二％。標準普爾五〇〇的數字是稅前，而巴菲特的數字是稅後，這表示他實際上要更好。

二〇〇七年：一九九六年，波克夏的A股成交價高達三萬八千美元。一九九六年中，股價回到三萬二千美元。二〇〇七年春天，A股的成交價為一股十萬八千美元。

期待改變

「任何無法長久的東西，終究會結束。」

有人問他對於美國公司這一波裁減員工的風潮有何看法，巴菲特指出，美國產業多多少少一直都在這樣做，改變是無可避免的，但是：

「當牽引機出現，馬就會被淘汰；汽車出現，馬蹄鐵匠也會失業。」

將這問題倒過來想，查理・孟格說：「要說哪家公司因為裁減員工而倒閉，我可說不出來。至於哪家公司因為膨脹而倒閉，我可以舉出十幾家來。」

巴菲特也同意，從另外一個角度來看問題，有時候比較明智：

「就像是反向唱鄉村西部歌曲。你拿回你的房子，你的汽車，你的妻子。」

儘管如此，巴菲特與孟格喜歡改變有限的產業，或者至少變化程度還可以控制的。巴菲特說：

「以口香糖為例，大家嚼口香糖的方式跟二十年前一樣，沒有人推出什麼新技術。」

有人問巴菲特，為什麼放棄一些價值投資的原則，他說：

「我們處理過較龐大的金額，就不會停留在那些小資本型態的狀況。未來如何穩定增加現金流量，需要學習的東西還很多，如果你是處理小筆金額，甚至不必如何努力。我們在葛拉漢紐曼一向將一家公司所有的數據寫在一頁紙上，如果符合帳面價值、營運資本與盈餘的某些檢測標準，就可以去買。就這麼簡單。」

巴菲特不會突然放棄葛拉漢與共同作者大衛．陶德所教的一些方法：

「我會加以進化。從人猿進化到人類或是從人類進化到人猿，都不是簡單的。」

波克夏小型股

一九九〇年代，波克夏海瑟威的股價在多頭市場上一飛沖天，最後在一九九六年三月突破三萬八千美元（一九八九年中期股價為八千五百五十美元）。儘管價格如此之高，巴菲特還是堅持不分割股票。如果分割的話，新投資人比較容易購買，現有的投資人也容易賣出。巴菲特說他不希望波克夏落入投機客的手中，而他能夠想到最有效的阻絕方法，就是高不可攀的股價。巴菲特在生日卡片上寫的賀詞是：「希望你延年益壽，直到波克夏分割股票那天。」

巴菲特向來遵守諾言，但是在一九九六年股價飆漲那幾個星期，外在因素迫使他做出精神上等於分割股票的措施。這年春天，巴菲特宣布將發行波克夏海瑟威B股，又稱為第二類普通股。新股將以現有股票（又稱為A股）股價的三十分之一發行。B股之所以為第二類股，唯一的差別是沒有投票權，而且當時波克夏股東有慈善捐贈計畫，B股也不適用該慈善計畫。投票權其實不重要，因為巴菲特與孟格的股份比所有其他股東還多。而且有誰願意跟巴菲特與孟格唱反調？

A股的好處是，無論這兩檔股票的價格為何，隨時可以轉換成三十股B股。不過，B股股東即使擁有三十股，也無法轉換成A股。

如同巴菲特所預期的，這兩檔股票的套利活動永遠讓A股與B股保持三十比一的均衡。如果B股高於A股的三十分之一價格，也許是紐約證券交易所的專家或是巴菲特本人，反正就會有人買進A股再轉換成B股。這樣就會使得B股價格下跌。如果B股售價低於A股的三十分之一，投資人就會買B股，而不會買A股，使得B股價格上漲。

巴菲特之所以修改他的計畫，是因為幾家投資公司打算成立單位信託基金，全部持有波克夏的股票。投資人以一千美元一個單位購買部分波克夏的股份，再加上年費，還要先付高達五％的佣金。投資人可以持有這單位，直到十年期滿，或是在紐約證券交易所跟其他股票一樣進行交易。這個單位信託基金可以賣給小額投資人，他們希望參與投資波克夏海瑟威，享受早期可觀的獲利。

巴菲特認為這就是投機，「我們不希望大家參與投資並認為這是熱門股，一年內就可以漲很多。」

說得更精確一點：「有人認為在這個基礎上，波克夏股價大漲可能再度發生，其實從數學上來說是不可能的，」巴菲特說。「我們不希望懷抱這希望的人，在潛意識中受到吸引。」

有人批評說，巴菲特的本性喜歡控制，所以他才有這樣的反應。也有人說這就是巴菲特的個性。巴菲特總是說他奉獻給股東。「說穿了，就是要吸引最高等級的股東。」

賓州巴拉辛威德（Bala Cynwyd）的五西格瑪投資夥伴公司（Five Sigma Investment Partners）是提出這單位信託基金計畫的公司之一，查理．孟格寫了一封信給該公司提出抗議，他寫道：「貴公司的信託基金……，將會誘使許多小額投資人投入不適合他們的投資，而且很可能造成許多人的失望與傷害。」

孟格又說：「波克夏的股價現在風險已高，因為從一九九二年起，漲幅一直遠超過股票內在價值增加的幅度……，如果朋友或家人問巴菲特，以現在的價格是否可以買波克夏的股票，他的答案一定是『不。』」孟格說，他擔心對方積極促銷股票，將有如「火上加油」。五西格瑪公司顯然不願退讓，戰火就此點燃。巴菲特宣布B股的上市計畫。股票上市說明書指出：「波克夏打算提供小額直接投資波克夏的方式，比單位信託基金的更好，將使得他們的產品賣不出去。」

為了防止經紀商天花亂墜地宣傳新股票，波克夏安排由所羅門負責上市事宜。佣金故意設得很低，讓經紀商缺乏誘因向投資人推薦第一次公開發行。巴菲特也說，大眾要多少股票，公司就發行多少股票，將第一個星期供不應求所造成的股價飆漲降到最低。

在發行說明書的第一頁，巴菲特重申孟格對五西格瑪所說的話：「管理階層不認為公司的股票價格被低估。」

一九九六年的股東大會上，有位股東問說波克夏的股價是否被超估。巴菲特回答說，他從沒說過股價被超估，他是說股價「沒有被低估」。巴菲特堅持說，這是有區別的，顯然新聞記者與投資人都沒搞清楚其中的細微差別。

投資界許多人似乎對這區別不甚了解。芝加哥伊柏森股票研究與顧問公司（Ibbotson Associates Inc.）的顧問德瑞克・薩斯維德（Derek Sasveld）說：「為什麼他這麼做，這是否合理，其實有許多問題。這似乎不完全是合乎邏輯的情況。」

紐約努斯邦公司（Ehrenkrantz King Nussbaum Inc.）的資深市場分析師威廉．勒菲佛（William LeFevre）察覺到，巴菲特的領域已經受到入侵。「他的信用受到侵犯，他不希望有人用華倫．巴菲特的名字去賺錢。」

不過，其他人看到這個手段的架構，而不是股票內在的價值，認為這是巴菲特問題的根源。一九九六年的股東大會上，巴菲特描述這單位信託基金是「佣金高年費也高的產品。」

德瑞斯登美國證券公司（Dresdner Securities USA Inc.）的分析師詹姆斯．穆勒維（James Mulvey）說：「巴菲特先生總是捍衛股東的權益，他不喜歡買到單位信託基金的人卻得不到買普通股的利益。」

投資人稱B股為「小B股」（Baby B），相同的交易只要付經紀人的佣金即可。《霸榮》的專欄作家艾倫．艾柏生（Alan Abelson）駁斥「沒有低估」的說法，再加上發行說明書宣稱公司的內在價值無法繼續以過去的速率成長，認為這只是迎合管理者。「我們要對華倫．巴菲特說，真理受到傷害，譏諷的言詞會害死人，想想你所做的，趕快悔悟吧！還有時間修改發行說明書。只要在第一頁那些警告字句下面，加上一句『我只是開玩笑！』就可以了。」

不過，其他人認為巴菲特可能了解股價過高的問題。股市專欄作家馬爾柯姆．博科（Malcolm Berko）為他的讀者寫了一篇有關波克夏的簡短分析，說這有點像是封閉型基金。博科預測說，波克夏（無論A股或B股）的售價都超過資產淨值很多。博科估計波克夏A股的資產淨值為一萬五千美元。博科寫道：「以我的淺見，用高價去買波克夏的股票，比淨值還高二萬一千美元，真是蠢到了極點。」

對於波克夏股價價值的爭論，對於股票造成影響。A股迅速從三萬八千美元高點跌至三萬三千美元區間。B股以一千一百一十美元發行，上市不久就大漲，但是幾個星期之後又回到一千多美元。

雖然巴菲特坦白告知波克夏海瑟威公司的內在價值，多少使得狀況有點複雜，不過波克夏B股還是銷售一空。起初，公司說將發行十萬股，但是追加了四次。最後發行超過五十一萬七千五百股，波克夏的股東人數也增加了一倍，到達八萬人之多。

巴菲特利用發行B股獲得的資金，建立更有實力的公司，公司的資產也更多。不過，他總是警告說，規模大不一定就績效高。事實上，企業規模大反而成長緩慢。從一九九六年起，成長率就很不穩定，有些年度波克夏也是衰退。但是，也不是每年都不好。二〇〇六年，波克夏A股與B股的每股帳面價值增加一八·四%。過去四十二年來，波克夏在巴菲特的控制下，平均每年成長率為二一·四%。

「我們認為二〇〇六年淨值獲利一百六十九億美元是單一年度淨值獲利的新高，除了合併（如美國線上（AOL）併購時代華納（Time Warner））所造成的暴增之外，這數字超過任何美國企業過去的紀錄。當然，艾克森美孚（Exxon Mobil）與其他公司的盈餘遠超過波克夏，但是他們的盈餘大部分都配發股利或是再買回股票，而不是建立淨值。」

承認錯誤

巴菲特承認有十幾次的投資錯誤，包括購買新英格蘭的紡織廠波克夏海瑟威公司。這家紡織廠業績不佳，最後終於關閉，但是公司結構與名稱保留下來，成為投資的工具。投資人厄文·卡漢從學生時代就認識巴菲特，他說：「即使像華倫這麼有天賦的人也會犯錯。」

巴菲特以幽默看待他的錯誤：

「當然，你們有些人可能會奇怪，既然本文作者這麼精明，在一九七八年到一九八〇年間以每股四十三元賣出波克夏所持有的首都城市股票，為什麼我們現在以每股一七二．五美元購買同一家公司的股票。我預料你們會問這問題，所以我花了許多時間準備好漂亮的答案，以解釋我們為什麼這樣做。」

「請多給一點時間。」

「我實在不願意回想當初賣掉首都城市股票這件事情。」

巴菲特有時候給的建議也很差：

「在《華盛頓郵報》出售行動電話公司股票這件事情中，我所扮演的唯一角色，就是當初反對他們購買，後來他們還是買了，並且以五倍的價格賣出。這是他們最後一次問我的意見，他們對我第一次的意見置之不理，後來也沒有再問我第二次。」

一九九八年，巴菲特以二百二十億美元買下龐大的通用再保公司，這是出乎意料的行動。這筆交易有兩個好處：巴菲特不僅在他的能力圈（在此指的是保險業）長袖善舞，他也將最近的目標擴展到全球市場上。總部設於康乃迪克州的通用再保公司，擁有全世界最古老的再保公司科隆再保公司（Cologne Re）七八％的股份，在全世界一百五十個國家經營業務。通用再保與科隆再保聯合起來，是全世界最老牌也是第三大的再保公司。

巴菲特買下之後，立刻就發現保險業務與儲備金都有問題，需要好幾年才能改正。不過，問題不只如此。巴菲特還要努力解決證券交易委員會的調查，因為有些保單將顧客的收益寫得太高。最糟糕的是，他必須處理通用再保公司的衍生性金融部門。他承認這家公司簡直就像個惹麻煩的小孩。

「不幸的是，這個小孩重達四百磅，對我們整體績效的負面影響非常大。」

「很久以前，馬克．吐溫就說過：『想要抓著貓尾巴，把貓拽回家的人，將會學到難以忘懷的教訓。』如果馬克．吐溫活在現代，他可能會嘗試做衍生性金融商品，幾天之後，他就會發現這比貓還麻煩。」

巴菲特買下通用再保公司幾年前，他就警告說，衍生性金融商品潛伏著許多危險。通用再保公司的衍生性金融商品總共有二萬三千二百一十八個合約，其中一個期限長達一世紀。波克夏花了六年時間，才將衍生性金融商品的數量減少到二千八百九十個，並且花了四億零四百萬美元才擺脫這項業務。不過未來還有更多虧損。

在二〇〇五年的年度報告中，巴菲特用了十二段文字解釋通用再保公司衍生性金融商品的來龍去脈，說他因為決斷性不夠，耗費股東許多金錢：

「在購買通用再保公司時，查理與我就知道這是一個棘手貨，我們也告訴該公司管理階層，我們要結束這業務。這件事情都是我的責任，我沒有處理眼前的狀況，反而浪費幾年的時間想要出售這業務……，我錯在猶豫不決（查理稱之為吸吮大拇指）。」

儘管如此，通用再保公司是非常龐大的保險公司，華倫與查理都說他們很高興擁有這家公司。貝斯特（A. M. Best）、穆迪與標準普爾都給這家公司最高的評等。波克夏最有價值的資產之一是保險浮存金（股東稱之為「槓桿」），巴菲特可以用來為保險集團投資獲利。波克夏的保險浮存金有四百九十億美元，通用再保公司提供了將近一半。到了二〇〇六年，巴菲特告訴股東，他們不必再聽到他對於通用再保公司的衍生性金融商品感到惋惜。這項投資組合的金額已經減少到幾乎沒有，對於公司也不再造成威脅。

不要吸吮大拇指

查理・孟格對於猶豫不決（又稱之為吸吮大拇指）非常不能忍受，如果你發現好公司，價格也不錯，何必猶豫不決呢？

有個案例是在一九七二年的時候，巴菲特、孟格與早期的投資夥伴瑞克・蓋蘭（Rick Guerin）買下喜思糖果。孟格與蓋蘭在洛杉磯發現這個機會，打電話給巴菲特建議他買下來。巴菲特起初不太願意，然後電話中斷。幾分鐘後，巴菲特回電，決定進行這筆交易。他查過數據，迅速做了分析，雖然售價高達二千五百萬美元（帳面價值的三倍），不過公司體質良好，獲利能力與成長潛力都不錯。

多年來，波克夏資金充沛，再加上巴菲特與孟格腦筋靈活，使得他們的決策非常明快：

「如果我今天下午接到電話，有人提供證券、房地產或是企業給我選擇，而且看起來還不錯，可能晚上就會簽約。我們行動迅速，而且我們總是有現金。」

不過，有時候巴菲特還是會猶豫不決：

「我錯過最好的機會可能是『房地美』（Freddie Mac）公司（住宅貸款抵押公司），我們擁有一家儲蓄與貸款銀行，因此房地美股票第一次上市時我們可以購買一％的股份。我們應該買一百家儲貸銀行，然後全部去買房地美的股份。那我在做什麼呢？我在吸吮大拇指。」

加入航空公司

巴菲特投資全美航空公司三億五千八百萬美元，一九九五年，將其中的七五％，也就是二億六千八百五十萬美元提列為呆帳。從一九九四年九月起，這些股份的九．二五％股利就沒有發放過。一九九六年春天，巴菲特為可轉換優先股尋求買主：

「這是一次錯誤的投資。這是老資格的證券，但是這不是我們應該投資的股票。全世界沒有那麼多好企業可以投資。」

巴菲特在北卡羅萊納州的演講中，解釋為什麼航空公司不是投資人的好朋友：

「有趣的是，如果你回顧歷史，而且我們就在航空的發源地小鷹市〔譯註：萊特兄弟在北卡的小鷹市（Kitty Hawk）製造出人類第一架飛機〕，美國的航空運輸業實在沒賺錢。想想如果你當初在小鷹市，看到這個人飛起來，這一幕讓你突然想起，有一天全世界將有幾千萬人像他這樣在天空飛行。這將使得所有人與所有地方更加接近。你可能會想，我的天，這是多大的機會。儘管投入好幾十億美元，所有航空公司業主的投資報酬率都是負數，而且如果你曾經擁有航空公司，可能將你所有的錢都投進去。如果當初有資本家在現場，很可能將那個人給射下來。這是人類向前進的一小步，卻是資本主義向後退的一大步。」

巴菲特將他購買全美航空公司，歸咎於一時精神錯亂。那麼未來如果一時衝動，要如何克服？

「我現在有免費服務的電話號碼，如果我突然想要買航空公司的股票，就撥打這支免費服務電話，說我叫華倫，沉迷於航空類的股票。電話另一頭的人就會說服我打消這念頭。」

巴菲特也許不想再投資航空公司，但是仍然鍾情於飛行相關的事業。他投資美國航空（American Airlines）公司結果不理想，然後他又買了一架商務噴射機，由於有點內咎，所以他取名為「站不住腳號」。後來，經過所羅門兄弟公司危機之後，他重新命名為「可擁護號」（The Defensible）。他對這架噴射機的熱愛於一九九八年結束，這時候他對航空的熱愛發現了新的目標：網捷商務包機公司。

「我這次來不是搭乘『可擁護號』，這很值得稱道。個人獨資擁有一架飛機，其實沒有意義。我當初買那架飛機，以為這是唯一的選擇。你擁有的飛機的飛行能力是你所需的四、五倍，那是沒有任何意義的。個人擁有一架飛機，就像是海軍艦隊只有一種船艦。艦隊不能只有驅逐艦，需要各種船艦配置。我有不同的任務，有時候需要飛行三百英哩，有時候要飛一千二百英哩，或者飛到此地（歐洲），現在有十一種飛機任我選擇。」

網捷航空公司出售飛機的持分所有權，你可以買某架飛機的一定百分比，每年按照比例有權使用多少飛行小時，或是交換使用其他機型。對華倫與查理（以前都搭乘商業班機）來說，使用這種服務非常方便。

「一旦你使用過網捷航空之後，再回頭搭乘商業班機就像是回去握手。」

波克夏以七億二千五百萬美元的股票與現金，買下這家私人持有的公司。可悲的是，巴菲特在航空事業又遭遇挫折。網捷公司的獲利能力立刻下滑，主要是因為缺少適當的設備、營運費用（油料）太高，以及涉足歐洲市場。二〇〇四年，網捷虧損（稅前）一千萬美元，二〇〇五年，再虧損八千萬美元。巴菲特仍然希望公司能夠轉虧為盈，二〇〇五年，他寫道：

「李奇．聖圖利（Rich Santulli）是我所遇過最有活力的經理人，他將會解決我們營收與開銷的問題。不過，他不會因此而降低網捷航空的服務品質。聖圖利與我將致力於服務與安全，讓其他人無法相比。」

到了二〇〇六年，網捷航空確實改善績效，雖然盈餘還是赤字。在歐洲的業務已經轉虧為盈，巴菲特在報告中指出，機隊的價值已經遠超過三個最大的對手。

航空業者經常提醒緊張的乘客，駕駛員的生命是跟你們在一起，所以他們深切關心你們的安全。巴菲特每年搭乘網捷航空大約二百二十五小時，他的家人另外使用五百五十個飛行小時。所以其他的顧客，包括老虎伍茲（Eldrick "Tiger" Woods）、歌手凱蒂．李．吉福德（Kathie Lee Gifford）、凱文．克萊（Calvin Klein）與超級男孩（N'Sync）樂團，保證都可以獲得跟巴菲特一樣的高水準飛行員與飛機。這是很舒服體貼的想法。

從錯誤中學習

巴菲特說他最嚴重的錯誤決策之一，是二十一歲時將他淨值的二〇%投資在一家加油站。他計算過，經過這麼多年，這個錯誤可能造成的機會損失高達八億美元。

犯錯之後的第一步，就是停止繼續做錯事：

「這是很古老的原則。你不要繼續做錯的事。」

波克夏沒有分配股利給投資人，可以避免雙重課稅，而且獲利再投資，投資人不必再傷腦筋。唯一的例外是一九六七年，巴菲特付給夥伴十美分的股利。對於這件事情，他說：

「我當時一定是在浴室裡。」

附註：巴菲特說，如果他認為股東可以找到比波克夏獲利更豐的方式去投資，他就會發放股利。

所羅門的政府債券醜聞給巴菲特上了一課，也許他應該選擇逃離：

「你不會相信，因為我看起來沒有那麼笨，而我居然自願擔任臨時董事長。問題不在我要做什麼，而是我必須讓這件事情做得正確。」

一群律師對所羅門公司提起訴訟，這有助於巴菲特集中注意力：

「在今年結束之前，我有可能成為美國律師協會的年度風雲人物。」

巴菲特比較他在紐約協助所羅門兄弟公司重整的那一年：

「你這樣做是因為你必須去做，但是你不會希望再來一次。」

在所羅門事件發生之前，有人問巴菲特，為什麼他對金融業總是冷嘲熱諷，而且波克夏還擁有所羅門公司很大的股份。巴菲特回答說：

「我們在所羅門公司擁有七億美元的投資，為什麼還嚴厲批評投資銀行業？我想可能的答案是贖罪心理。」

買故事書的股票

巴菲特最喜歡的描述內在價值與安全限度的方式，聽起來很有文藝氣息。他說，他最喜歡的公司，就像是：

「美麗的城堡，四周有護城河圍繞，住在裡面的城主誠實又高尚。城堡的力量來自內部的人才，護城河永遠有效地阻擋外來的攻擊，城主的錢財不是只供他自己享用。簡單說，我們喜歡大公司，能夠主宰市場，經銷的商品別人難以複製，能夠持久經營。」

「企業需要護城河，以防止他人提供更便宜的產品。」

一九六九年，巴菲特對於他最喜歡的故事書股票，進行一次真實世界的分析：

「我買一支股票時，是以買整個公司來考慮，好像我買的是街頭的一家商店。如果我要買這家商店，我會全盤了解這家店。我的意思是，看看華德・迪士尼（Walt Disney）在一九六六年上半年股票市場值多少錢。每股價格是五十三美元，看起來沒有特別便宜，但是在這個基礎上，以八千萬美元連同白雪公主、海角一樂園（Swiss Family Robinson），以及其他卡通人物一起買下全公司，光是這些人物本身就很值得了。此外，你擁有迪士尼樂園，而且能夠與華德・迪士尼這位天才成為夥伴。」

一九九六年，首都城市／美國廣播公司收購迪士尼之後，波克夏再度看好迪士尼：

「擁有白雪公主（電影），就像是擁有油田。用唧筒抽出來銷售，然後又再滲回去。」

附註：迪士尼發現每七年可以重新發行「白雪公主」。

還有米老鼠：

「米老鼠沒有經紀人，你擁有米老鼠，他是你的。」

儘管如此，波克夏擁有迪士尼的股份為時不久就賣出，當時迪士尼在管理上有問題。

尋找優秀企業

「你應該投資即使是笨蛋都能經營的企業，因為總有一天企業會落入笨蛋手中。」

「下星期、下個月或下一年度，任何公司都有可能發生各種因素，但是真正重要的是投資對的企業。最典型的例子是可口可樂，一九一九年公開上市，最早一股四十美元，第二年跌到一股十九美元。第一次世界大戰之後，糖價波動很大。如果可口可樂第一次發行上市你就買進一股，一年之後你虧損一半。但是如果你繼續持有到今天，而且將所有股利都再投資進去，你將會有一百八十萬美元。我們經歷過不景氣、戰爭、糖價波動，發生過太多事情。投資股票只要想想這產品是否能夠持續生存，是否能夠繼續獲利，而不要考慮何時買進或賣出，這樣就會有很好的結果。」

「假設你將離開十年，而且你想投資，現在你該知道的資訊都有，而且在你離開的時候無法改變。你會怎麼想呢？」

「我最重視的是確定性，我知道市場將會繼續成長，我知道公司繼續在全世界領導業界，我知道有很大的成長。我不知道還有哪家公司能跟可口可樂相比。」

「查理．孟格使我注意到好公司的特色，就在於有很強的盈餘成長能力，不過必須要確定。不要像是德州儀器公司（Texas Instrument）或是寶麗來（Polaroid），盈餘能力都是假的。」

巴菲特曾經向通用食品公司的總裁菲利普．史密斯（Philip Smith）解釋，為什麼大家都不看好的時候，他卻買進通用食品公司的股票：

「你們有很強的品牌名稱，你們的股價是盈餘的三倍，其他食品公司是盈餘的六到七倍，而且你們現金充裕。如果你不知道現金要怎麼用，別人會知道的。」

事實上，通用食品公司被菲利普莫里斯所收購，跟卡夫特食品（Kraft Food）合併。菲利普莫里斯現在改名為高特利（Altria）。

「好公司的定義是，要連續二十五年到三十年都很好。」

投資要挑選優秀的好公司（除了大幅成長之外），因為買了之後，投資人只能信任經理人做好他們的工作。一九七三年，巴菲特已經擁有波克夏相當多的股份，再加上伊利諾州一家銀行、一家奧瑪哈週報、六家保險公司、一家交易券（trading stamp）公司、女裝連鎖店以及一家糖果公司。不過他告訴一位記者，不是他自誇：

「我雙手插在口袋，幾乎就可以搞定。我真的過著很輕鬆的生活。」

「我告訴每個為我們公司工作的人，只要做兩件事情就可以成功。第一，他們要像老闆一樣考慮事情，第二，有壞消息立刻告訴我們。好消息就不必擔心。」

堅持品質

「擁有希望鑽石（譯註：已知最大的藍色鑽石，重四五．五克拉）的部分所有權，遠勝於擁有一〇〇%的萊茵石（譯註：一種假鑽石）。」

巴菲特小時候就出版過報導賽馬的刊物《馬夫精選》（*Stableboy Selections*），顯示出他對賽馬很有興趣：

「有人從馬的速度決定優劣條件，有人從馬的等級來決定。從馬的速度決定優劣條件的人，要猜想這匹馬跑得有多快。從馬的等級來決定的人則認為，價值一萬美元的馬勝過六千美元的馬。葛拉漢說：『買的股票只要夠便宜，一定就會賺。』這是從馬的速度來決定。其他人則說：『買好的公司，一定會賺。』這是從馬的等級來決定。」

附註：巴菲特一開始是從馬的速度來做決定，後來逐漸變成從馬的等級來決定。

垃圾債券

有人問他，對於垃圾債券有何見解，巴菲特回答說：

「我認為垃圾債券正如其名，就是垃圾。」

後來有人問他，為什麼在一九八三年與一九八四年花一億三千九百萬美元購買「華盛頓電力供應系統」（Washington Public Power Supply System, WPPSS，編按：因供電不穩定而有「WHOOPS」用於WPPSS的否定俚語。）垃圾債券，當時這些債券的評等為高風險，巴菲特回答說：

「我們不根據評等做判斷，如果我們要穆迪或是標準普爾來管理我們的錢，我們就直接交給他們好了。」

附註：這些債券沒有違約，還有一六．三％的免稅利得，每年可以獲利二千二百七十萬美元。

從那次之後，巴菲特也從雷諾茲─納貝斯克（RJR Nabisco）、克萊斯勒資本（Chrysler Financial）、德士古（Texaco）、時代華納與亞馬遜網路書店（Amazon.com）等垃圾債券賺錢。

「我不是工程師，我甚至不知道為什麼打開開關燈就會亮。不過，我確實知道如何選擇垃圾債券。」

巴菲特在二〇〇二年的年度報告中，解釋投資股票與垃圾債券在某些方面很像：

「兩者都需要做價格與價值的計算，還要從幾百種證券中找出極少數具有投資效益風險又低的證券。」

不過他說對於這兩種投資型態的期待是很不同的。買股票是希望獲得利潤，垃圾債券就不一樣了：

「買垃圾債券利潤更大，這些企業通常債務過高，往往是從事資本報酬率低的行業。此外，管理的品質有時候有問題。管理階層的利益甚至跟債權人的利益有直接衝突。因此，我們有可能在垃圾債券上會有重大虧損。不過，到目前為止，我們在這領域做得還不錯。」

查理．孟格解釋說，波克夏擁有許多固定收入與債券的投資，有直接的，也有透過保險子公司的。波克夏投資所謂的「垃圾債券」，並沒有困擾他。

孟格說：「只要是華倫正在做的，我就喜歡看他做完。這幾年來，我們已經賺了好幾億美元的稅前盈餘，沒有太多的風險或是煩惱。所以我們又多了一項投資。」

體會特許經營授權的價值

巴菲特描述特許經營授權（franchise）知名品牌的價值，就像是圍繞在企業城堡四周的護城河。他以吉列來說明：

「全世界一年使用二百億到二百一十億支刮鬍刀，有三〇％是吉列，但是就價值而言，吉列占了六〇％。在某些國家，像是北歐諸國與墨西哥，吉列的市場占有率高達九〇％。像刮鬍子這種事每天都要做，而且你發現有家公司不斷創新，開發出更好的刮鬍刀，再加上配銷能力，以及在民眾心中的地位……，這是你每天要做的事情，我希望你每天都刮鬍子，一年只要二十美元，你就擁有美好的刮鬍子經驗。在這種狀況下，男人可不願意隨便換刮鬍刀。」

「你上床時，想到在你睡覺的時候，全世界有二十五億的男士鬍子不斷在生長，你就會睡得特別香甜。吉列公司的人不會有失眠的問題。」

附註：二〇〇四年，吉列被寶僑公司所併購，波克夏因此擁有寶僑公司三%的股份。

如果你還無法體會吉列授權價值的概念，那麼以賀喜巧克力糖為例：

「如果你走進商店，他們說：『我們沒有賀喜巧克力，但是有這個知名度不高的品牌，這是老闆推薦的。』你就過街到另一家商店買賀喜，或者你願意多花一點錢買賀喜，那就是授權的價值。」

或者說送禮物給你的心上人，這時候價格不是重點：

「你知道，情人節你帶著巧克力回家，說：『親愛的，這是兩磅的巧克力，我買的是最便宜的。』這樣子是行不通的。」

可口可樂的授權價值是全世界任何企業最強的：

「如果你這一輩子偶然遇到一家好公司，那你算是好運；基本上，這家（可口可樂）公司是全世界最好的大公司。有全世界最強勢的品牌，售價適中，世界各地的人都愛喝。幾乎在每個國家每人消費金額每年都會增長。沒有其他產品能夠做到這樣。」

授權力量像是護城河，提供堅強的保護：

「接收可口可樂，將會像是偷襲珍珠港。」

重視定價的力量

巴菲特解釋說，好的企業享有定價的彈性。定價的力量與特許經營授權的價值有密切的關係。

「如果你擁有喜思糖果，你看著鏡子說：『魔鏡，魔鏡，今天秋季我要定價多少呢？』魔鏡回答說：『漲價吧！』這就是好企業。」

一九八六年，巴菲特預期電視業將會有麻煩，因為定價能力相當弱：

「基本上，許多年前電視有許多定價能力未曾開發，如今都用光了。他們也許有點過分，所以定價能力不像以前。我沒看到無線電視網的營收增加幅度超越通貨膨脹，多年來，他們習慣如此，而且他們據此發展出一種生活方式。現在，可以看到他們在調整。」

發現浮存金充裕的公司

巴菲特很早就知道，保險公司獲利的基礎，是在收取保險金預備支付理賠，將這筆資金做最好的投資。波克夏海瑟威所有的保險公司擁有這種浮存金大約六十五億美元，而現在由波克夏完全擁有的蓋可公司，就占了三十億美元。這些錢不是波克夏海瑟威公司的，但是他們可以運用。

「有些證券分析師誤以為保險公司業務的價值就只有帳面上的價值，沒有考慮到浮存金的價值。」

浮存金在其他企業中也有，巴菲特觀察到：

「藍籌交易券公司（Blue Chip Stamp）以前也是那種公司，後來有一天就消失了。這家公司在哪裡？在壁櫥裡嗎？我不知道。」

附註：一九五〇年代與一九六〇年代，交易券相當普遍，是雜貨店用來招徠顧客的手法，後來不敵折價券與其他手法。不過，在藍籌公司消失之前，巴菲特從投資浮存金賺了不少錢。

學習喜愛獨占事業

「美國聯邦住宅貸款抵押公司」（Federal Home Loan Mortgage Corp.），簡稱房地美，是半官方的公司，提供次級房貸的市場。房地美公司與其姊妹機構「美國聯邦國民貸款抵押協會」（Federal National Mortgage Assn.），簡稱房利美（Fannie Mae），控制了九〇%的次級房貸業務。這個行業是雙頭寡占：

「這個好處僅次於獨占。」

「報紙是很棒的事業，是少數能夠很自然就形成獨占的行業之一。報紙顯然要跟其他的廣告形式競爭，但是不必跟同類型的報社競爭。還有哪種行業像報紙一樣？沒有。」

附註：以上那段話是巴菲特於一九八六年所說的。由於人口分布與零售業發生重大的變化，以及網際網路等廣告媒體的加入競爭，巴菲特已經將報社降為「好但不是極佳」的類別，對於併購報社也完全失去興趣。

在《水牛城晚報》（*Buffalo Evening News*）與競爭對手《信使報》（*Courier-Express*）進行發行量之爭時，《信使報》提起訴訟，指控巴菲特的報紙價格壟斷。有一點很令人生氣的是，謠傳巴菲特說過，擁有一家獨占的報社就像是擁有一座不受法規監管的收費橋梁。在法庭上，這句話被提出來時，巴菲特說：

> 「我是說過，在通貨膨脹的世界中，如果沒有法規監管的話，擁有一座收費橋梁是很棒的。」

為什麼？問問對手的律師。

> 「因為你已經投入資本，用以前的資金建造橋梁，而且不必再繼續投資。」

管理很重要，好公司更重要

「我總是想像自己擁有整家公司。如果經理人也跟我一樣，好像自己擁有這家公司，這就是我喜歡的管理模式。」

「最好的執行長喜歡管理他們的公司，不喜歡去參加圓桌會議或是到奧古斯塔國家高爾夫俱樂部（Augusta National）打高爾夫球。」

巴菲特經常說，無論是賣糖果、出版百科全書，或是製造制服或鞋子（這些都是波克夏擁有的產業），他都不是專家，所以他很喜歡專業經理人。像是鞋子製造商與皮革大買家布朗（H. H. Brown），他說：

「一有什麼風吹草動，他們都會知道。」

「我們的結論是，除了少數的例外，如果管理階層具備才華，能夠處理困境，這家企業就不會遭受損傷。」

「我喜歡的公司，即使完全沒有管理，還能夠賺上許多錢。這就是我喜歡的類型。」

「任何企業的領導人無論有多麼愚蠢，他的屬下都會準備各種研究報告來支持他。」

「如果你的能力平庸，而你有許多朋友在董事會，這就像是禁不起考驗的足球隊。如果足球隊的教練派十一個差勁的球員上場，他將會失去這工作。董事會從來就沒有因為執行長能力平庸而失去工作。」

值得投資的公司

一家公司的股價低於內在價值時，巴菲特說，這家公司所能做的最佳投資，就是買回自家的股票。這表示如果波克夏的股價低於內在價值，他會買進嗎？

「當然值得買，我也會買，但是要波克夏的股價低於我有興趣的股票價格。」

「多角化經營是對抗愚昧的保護機制。知道自己在做什麼的人，多角化對他們沒有什麼意義。」

「世界上許多大富翁是因為擁有一家很棒的公司。如果你了解一家公司，就不必買很多家公司的股票。」

巴菲特引用百老匯演出者比利．羅斯（Billy Rose）的話，來解釋過度多角化經營的困難：

「如果你的後宮有四十位嬪妃，你永遠不會對其中任何一位透徹了解。」

長期投資

巴菲特強烈反對短線交易，他建議持股一年內的利得應該課以一〇〇%的所得稅。

「查理跟我希望長期持有股票。事實上，當我們很老的時候，你可能看到我們還在那裡，彼此不知道對方是誰。」

「我們喜歡買公司，我們不喜歡賣掉，我們希望這關係能夠持續終身。」

「我們大部分的股票將會繼續持有好幾年，我們的投資決策是看長期的企業成果，而不是看當天的股價來決定的。購買整家公司只看到短期的結果，那是非常愚蠢的；買市場上的普通股票，等於是買一家公司的一部分，如果只迷惑於短期利潤，我們認為那也是非常不妥的。」

不只是巴菲特做長期投資，他也希望波克夏海瑟威的股東盡量長期持有股票：

「如果我開一家俱樂部或是在教堂傳教，我衡量自己是否成功的方法，不是看信徒來來去去有多少人，或是俱樂部有多少會員。我真正喜歡的是沒有人願意離席，所以沒有空位給其他人。」

購買一家公司也可以從這方式來想：

「這有點像是戀愛。你花時間陪伴愛人，然後你有第一次約會，最後，重要時刻來臨。第二天，你會開始想說，如果有人給我二倍或三倍的利益來交換，我會出售嗎？」

巴菲特說，他是那種「李伯大夢」（Rip Van Winkle）型的投資人。（編按：李伯被形容成晚於時代的人）。

「我最喜歡的持股期間是永遠。」

「股票很簡單。你要做的就是以低於內在價值的價格，買進好公司的股票，管理公司的人必須非常正直又有能力，然後你就永遠抱著這股票。」

巴菲特說，或者你可以按照威爾．羅傑斯（Will Rogers）的方法。據說羅傑斯買股票前會仔細研究市場，然後「當股票漲了一倍，就賣掉。」如果股票沒有漲一倍呢？「如果沒有漲一倍，就不要買。」

巴菲特、他的朋友，以及他的同事，他們有個獨特之處，就是他們關懷其他人。

「資本利得與投資現代生產設備，都是經濟生產造就社會福祉所必須的。如果整體產業沒有持續創造與利用新的資本，勞工就業機會、消費者需求與政府承諾，都將無法實現，而且只會令社會更加挫折。無論是社會主義者或是資本主義者，對於這點都很清楚。西德與日本經濟上驚人的成功就是例證。累積大量的資本，使得這些國家提高生活水準的速率高過美國，即使美國在能源上享有較優越的地位。」

利用財務槓桿進行併購，雖然造成投資人獲利，但是對於社會沒什麼好處。像是股票的替代債減少公司的稅，這就影響各種社會計畫的財務。

「如果你讀到有關布恩．皮肯斯（Boone Pickens）與吉米．戈德史密斯（Jimmy Goldsmith，編按：原名為James Goldsmith）等人的故事，他們會提到為股東創造價值。他們其實沒有創造價值，而是從社會轉移價值給股東。這可能是好事，也可能是壞事，但是絕非創造價值，這不像亨利．福特（Henry Ford）研發汽車，或是雷．克洛克（Ray Kroc）想出比別人更好的方式供應漢堡……。過去幾年，許多公司被了解這遊戲規則的人所改造。這表示每位公民必須付出更多錢，才能得到政府應該提供的各種物資與服務。」

當獎賞不相稱時

對於社會的安全、健康、幸福與福祉，其他人也做出一樣重要的貢獻，但是他們所賺到的錢卻比他少，巴菲特說：

「對於我帶給社會的貢獻，這個社會給我很大的獎賞。」

「我個人認為，我所賺的錢有很大的比例是因為社會。如果你把我放在孟加拉或是祕魯，你會發現才華放在不對的地方會有什麼樣的結果。我必須多奮鬥三十年。我做得很好，我所工作的市場體系碰巧給我很大的獎賞。麥克．泰森也是一樣。如果你可以在十秒內擊倒對方，然後就賺進一千萬美元，這個世界就是會為這種事情給你很多錢。如果你打擊率高達三成六，這世界也會給你很多錢。如果你是很棒的老師，這世界不會給你很多錢。如果你是很棒的護士，這世界也不會給你很多錢。我是不是要提出一些價值體系，對這現象多少重新分配？不，我不認為有人可以做到。但是我認為，這個市場體系對待你這麼優厚，也就是說，因為你有獨特的才華，市場體系給你很多能力購買物資與服務。像是你的嗓音嘹亮，所以你能唱歌，每個人在電視上或是哪裡聽你唱歌，都要給你很多錢。我認為社會對於這些人可以提出要求。」

「對於金錢，我不會有罪惡感。我認為，我的錢很多，代表我必須向社會做出許多回饋。我可以消費這些金錢，如果我願意的話，我可以雇用一萬人，在我有生之年每天什麼事情都不用做，就只是畫我的肖像。這樣國民生產總值也許會上升，但是這產品的效用為零，而且這一萬人因此無法從事愛滋病的研究，或是當教師，或是當護士。不過，我不會這樣做，我不會這樣回饋社會。我需要的物質不多，當我與內人過世之後，我會捐贈財產給慈善機構，作為對社會的回饋。」

巴菲特在為奧瑪哈房地產開發商彼得．奇威特所寫的悼詞中，說明了「回饋社會」（claim check）的另一個例證（巴菲特稱讚奇威特，因為他留下二千萬美元的資產給慈善機構）：

「基本上，一個人花的錢少於他賺的錢，就是在累積未來『回饋社會』的資本。到了未來某一天，他可以反轉程序，花的錢比賺的多，將他所累積的錢回饋社會。或者他可以在生前捐贈，或是遵照遺囑在死後轉贈給其他人。」

「例如，威廉・藍道夫・赫斯特（William Randolph Hearst）花許多錢建設與維護聖西米恩（San Simeon，譯註：赫斯特家族在聖西米恩興建赫氏古堡）。就像是法老王興建金字塔，赫斯特投入大量的人力物資，只是為了滿足個人的消費欲望，對於社會就沒有其他回饋。」

「他雇用許多人，打造個人的夢想，像是在聖路易歐比斯波（San Luis Obispo）的員工，大半輩子的工作就是每天送冰塊給私人動物園裡的熊。這些工作無法生產出對於社會大眾有用的產品與服務。」

巴菲特的朋友比爾・蓋茲，說他希望經營微軟到二〇〇八年，然後他將專心從事慈善工作。巴菲特希望蓋茲能夠回饋社會：

「他將會花時間思考他的慈善工作可能會有什麼樣的影響。他是非常有創意的人，不會只是做傳統的慈善事業。」

繳稅無怨言

一九九三年，波克夏繳納三億九千萬美元的聯邦稅，對此巴菲特解釋說：

「查理與我對於這些稅絕對沒有任何怨言。我們在這以市場為主的經濟中工作，比起在其他經濟體系中對社會做出更多貢獻的人，我們努力的報酬實在太優厚了。賦稅的作用，本來就應該補救這種不公平。但是我們還是受到非常好的對待。」

巴菲特曾經發表文章，主張持股未滿一年，應該徵收一〇〇%的交易所得稅，而且適用每個人，包括法人投資機構，這樣將會使得美國更有競爭力。迫使投資人持股更長久，產業會更穩定。

「外國企業的決策者，他們經營事業的眼光往往看到幾十年。我們討論如何在世界經濟中跟他們競爭，已經討論很多了。我們為何不試著將自己的眼光至少推到一年後呢？」

一如往常，孟格的主張跟巴菲特類似，只不過這反映出他比較傾向共和黨。孟格解釋說：「我喜歡某種程度的社會干預（像是租稅、法律等等），以補救資本主義的一些不公平，但是我憎惡任何容忍假補償的制度。」例如，孟格說他不喜歡因為跟工作而受傷或失能所給予的勞工補償，因為很難識破假冒的申請理賠。

巴菲特反對布希總統的減稅方案，尤其是減免遺產稅，他說這是「給富人減稅」。他贊成對中低收入戶減稅，因為他們比較可能增加支出，因此可以刺激經濟成長。

「我聽到共和黨說，我們已經很有錢了，所以不要增稅。這對我來說沒有什麼意義，我的稅率比我的祕書還低……，坦白說，我認為這有點不可思議。」

巴菲特對於布希減稅方案的評論，刊登在二〇〇三年五月的《華盛頓郵報》。兩個星期之後，財政部稅制政策的助理部長發表演說為減稅計畫進行辯護，說：

「我必須說明，這表示中西部某位先知，玩弄賦稅法規像是玩小提琴一樣，他所賺的錢都還很安全地保留著。」

巴菲特猜測他就是那位某先知，在給股東的信中，他對此做了回應：

「可惜的是，我『玩小提琴』技巧不佳，無法到卡內基音樂廳演奏，甚至無法到高中表演。波克夏公司代表你我，以二〇〇三年的收入，將會繳納三十三億美元的稅給財政部。相當於二〇〇三年會計年度，美國所有公司總所得稅的二．五%。」

巴菲特解釋說，波克夏只占美國股市總值的一%，不過名列企業納稅的前十名。巴菲特照例必須用笑話來做結語：

「不過，對於我已經達成的進步，希望歐森女士（Ms. Olson）能夠給予一點讚揚。一九四四年，我第一次申報一千零四十美元，這是我十三歲當送報生的收入，申報書寫了三頁。後來我申報執行業務的扣除額，像是腳踏車三十五美元，可以退稅七美元。我將單據寄給財政部，他們二話不說，馬上退給我。我們相安無事。」

二〇〇六年，波克夏海瑟威公司繳納四十四億美元的聯邦所得稅，申報書多達九千三百八十六頁：

「上一年度，美國政府支出二兆六千億美元，等於每天七十億美元。波克夏公司負擔了聯邦大半天的所有支出費用，包括社會保險、健保以及軍隊的費用。只要有六百個像波克夏公司一樣的納稅人，美國其他人就不必繳納任何聯邦所得稅或薪資所得稅。」

「我認為我繳的稅太低，但是我也不會自動將錢送出去。」

儘管如此，巴菲特與比爾．蓋茲說，為了國家他們願意承擔較重的稅。巴菲特說目前的稅制必須革新。他指出，許多在伊拉克打仗的士兵，所得稅的稅率比他還高。

「坦白說，我認為這是很不公平的。」

慷慨贈與

正當世界盃足球賽如火如荼進行時，巴菲特宣布將捐款三百一十億美元給比爾暨梅琳達蓋茲基金會，使得該基金會的資金累積到六百億美元。儘管義大利人對足球十分狂熱，而且義大利也獲勝，不過巴菲特與蓋茲，這兩位全世界最有錢的人還是成為新聞的焦點人物。義大利與全世界對於巴菲特有能力也願意捐出這麼多錢，都感到十分欽佩。

巴菲特承諾捐出資產的八五%（另外有六十億美元直接捐給巴菲特家族的基金會），這是美國有史以來最大手筆的捐獻。以前美國最著名的兩位慈善家是鐵路大亨安德魯．卡內基（**Andrew Carnegie**）與石油大王約翰．洛克菲勒（**John D. Rockefeller**），巴菲特將他們都比了下去。以二〇〇六年的幣值來計算，卡內基的信託金額為四十一億美元，洛克菲勒為七十六億美元。《基督教科學箴言報》（*Christian Science Monitor*）稱讚巴菲特與蓋茲的合作，譽為開啟了「慈善事業黃金新時代」的曙光。

《財星》（*Fortune*）雜誌特約編輯卡洛．盧米斯問巴菲特說：「世界第二有錢人捐了數百億美元給世界首富，這是不是有點諷刺？」巴菲特回答說：

「如果你這麼說，聽起來是很好笑。不過，事實上我是透過他，還有梅琳達，她也很重要，來做慈善事業，而不是給他錢。」

多年來，巴菲特一直忍受說他太吝嗇的批評。他這麼有錢，但是對於需要幫助的人給予太少。巴菲特與太太蘇西曾經成立一個基金會贊助慈善活動，但是似乎還不夠。巴菲特當時還沒準備好，他的全副心力還是放在建立與鞏固波克夏，何況巴菲特從來沒有想到將慈善事業當作他的工作。他賺錢能力更甚於花錢，他想要賺更多錢之後，再來花。

「我想，有些人累積財富的速率較快，那麼最好是二十年後再來從事慈善事業。有些人累積財富的速率較慢，那就應該現在就從事慈善工作。」

然而命運作弄，蘇西過世，使得華倫將基金會交給她管理的計畫破滅。

「如果我比蘇西早死，而她開始支配我們的財產，巴菲特基金會的規模將會大得多。我現在知道有個很棒的基金會，規模已經很大，能夠有效率地運用我的錢。」

巴菲特捐款給蓋茲的金額遠超過給自己的基金會，這個決定在概念上其實也符合他的經營理念。他從來沒有創辦新的公司，不是投資既有的創投公司的股票，就是直接買下成功的公司。巴菲特告訴蓋茲說：

「我捐款給比爾暨梅琳達蓋茲基金會，希望產生深化作用而不是擴大作用。你對一些非常重要但是資金不足的議題相當關注，我認為這個方向正確，你很有可能達成目標，獲得偉大的成果。」

兩人合作，又有這麼多錢，勢必引人注目。巴菲特的捐獻，使得比爾暨梅琳達蓋茲基金會的規模，幾乎是美國第二大的私人慈善機構福特基金會的六倍。比爾暨梅琳達蓋茲基金會的預算與資源，甚至比世界衛生組織（WHO）還多。如果蓋茲基金會是個國家，其資產等於世界第五十五大經濟體，甚至比石油王國科威特還高。

巴菲特的捐獻，在第一年就使得蓋茲基金會的年度捐助金額增加十五億美元。如果波克夏海瑟威的股價繼續上漲，增加的金額將會更高。

密西根州大湍市（Grand Rapids）河谷州立大學（Grand Valley State University）專門研究慈善事業的喬．奧羅茲（Joel J. Orosz）教授，說：「從來沒有人管理過六百億美元的基金會，這麼大的基金會，影響力這麼大，從未有過。」

比爾與梅琳達說，他們對於巴菲特的決定「深感佩服」，並且希望他加入董事會。「華倫不只是聰明絕倫，也有強烈的正義感。華倫的智慧將會協助我們做得更好，同時讓事情更有趣。」

巴菲特總是說，他希望幫他花錢的人要大膽去做：

「我希望我托付的人能夠大膽做幾個對社會重要的計畫，而不是漫無重點隨便資助。我告訴他們，如果他們給這家醫院五十萬，給那所大學五十萬，我就會經常來找他們麻煩。但是如果他們花了許多錢，即使失敗，上帝也會保佑他們。」

這筆捐獻對於文化可能造成的震撼，其實沒有那麼大，因為巴菲特對於各個基金會的捐款分為二十幾年。

雖然巴菲特與蓋茲的合作將會大幅減少全世界的痛苦，不過他們的作為還是頗有爭議。《衛報》（*Guardian*）將一些問題摘要如下：「許多非洲的衛生部長，帶著他們的計畫書找蓋茲基金會，已經變得比找西方國家援助更為重要。力量如此集中，有比較好嗎？蓋茲先生與巴菲特先生會排擠其他人的努力嗎？其規模之大，有人開始擔心全球的醫療照顧不知不覺中私有化。」

《衛報》繼續指出：「沒有人質疑蓋茲先生或是巴菲特先生的動機，但是有些激進分子擔心，他們的慷慨贈予將會使得政府其他的努力沒有分量。科學期刊已經在反思，蓋茲基金會支持某項計畫而沒支持另一個，是否會扭曲研究的優先順序。由於私人的基金會在做決策以及選擇優先事項時，缺乏政府的可靠度，是否因此危害到大眾利益？也有人擔心基金會逐漸損害國家所扮演的角色，雖然國家角色提升也不見得就是好事。」

《衛報》在這篇文章中也提到，政府不見得總是專注在較重大的利益，對於有價值的事情，政府的支持也飄忽不定。例如政府是否應該資助幹細胞的研究，就引起很大的爭論，可見達成共識是很緩慢的程序。同時，政府的優先事項會改變。一九〇〇年代後期以及二十一世紀的前幾年，美國健康組織（National Institutes of Health）的預算增加。到了二〇〇六年，聯邦給予的經費降低到一年二百八十億美元。《華爾街日報》報導說，布希政府計畫再減少經費，這是從一九七〇年代以來，美國健康組織第一次預算減少。

不過，《衛報》的批評比起一些保守團體還算溫和。資本研究中心（Capital Research Center）寫道：「巴菲特與他家人選擇涉足這麼多社會『事業』，實在是太遺憾了。他的錢有些捐給保護某種動物的慈善機構；有些捐給激進的環保團體，這些團體威脅沒有保護某些樹種的企業；還有一些努力減少人類的團體，他們的方法是『保護』婦女免於生育。巴菲特如此富有，卻為了家人的個人興趣，將財富投入各種大雜燴，即使只是一小部分，也實在太遺憾了。他捐獻數十億美元給慈善機構，有些值得，有些不值得。可以說是慈善事業的羞恥與榮耀。」

對於慈善捐獻的想法

巴菲特宣布增加捐獻金額給蘇珊湯普森巴菲特基金會與其他家人的基金會時，他也提到如何最有效利用金錢的一些想法（不過不是直接的）：

- 專注於少數活動上，才能做出重大的貢獻。
- 專心於那些沒有你的協助將無法得到需求的人。相反地，有些組織有其他資金來源，沒有你的協助還是有可能運作，避免給這種組織小額的捐獻。
- 考慮跟你的兄弟姊妹合作重大的計畫。
- 關懷你的家人，但是要放寬視野。
- 對於計畫的判斷，應該考慮是否符合你的目標，以及成功的機會如何，不必考慮提出計畫的人是誰。
- 別怕犯錯。如果你總是走在安全的路，不會有什麼成就。

比爾暨梅琳達蓋茲基金會做了什麼？

華倫．巴菲特與蓋茲的合作，雖然是很意外，不過這是很有啟發性的行動，而且有重大意義。首先，比爾與梅琳達的捐獻早就贏得改造世界的美名。

巴菲特將錢放在他們手上，錢要怎麼花，就很清楚了。這錢不會花在芭蕾舞、交響樂或是歌劇上，也不會捐給商學院，讓商學院將巴菲特的名字掛在大廳。這錢將會用在改善全世界的健康、教育與消滅飢饉；換句話說，從事社會救濟。對象遍及全世界，但是以美國與第三世界國家為主。

蓋茲基金會的宗旨很簡單，就是「每個生命的價值都一樣」。比爾・蓋茲說基金會有些錢將用來協助提供美國每位小孩第一等的教育。「這能否在我們有生之年完成呢？我敢樂觀地說：『絕對可以。』」

基金會也專心對抗世界上最有毀滅性的三種疾病：瘧疾、愛滋病與結核病。梅琳達說：「我想我們的夢想是在有生之年研發出愛滋病的疫苗。」

梅琳達・蓋茲說：「有了華倫・巴菲特的錢，我們可以做得更深入。不只是在一個國家，我們可以在五個國家做事。華倫的錢使我們擴大在全世界的健康工作。」

蓋茲基金會以處理重大問題而著名，像是愛滋病、第三世界孩童疫苗、世界飢饉與美國教育水準低落，不過對於急需協助的小團體也慷慨伸出援手。二〇〇六年五月，爪哇地震之後，蓋茲基金會捐獻五十萬美元給「拯救兒童」（Save the Children）協助救難。被卡崔那颶風所摧毀的墨西哥灣海岸的圖書館，蓋茲基金會協助重建。蓋茲基金會以前甚至為內布拉斯加州小鎮興建新的棒球場，因為那裡的小孩除了打球沒事可幹。

蓋茲基金會早期的工作成果有些已經頗具功效。蓋茲基金會於二〇〇〇年協助成立

「全球疫苗防疫聯盟」(Global Alliance for Vaccines and Immunization,簡稱GAVI),據估計已經有一百七十萬人因此免於死亡。

蓋茲從事社會工作雖然受到不少批評,不過他的努力也受到大多數人的稱讚。他的善舉使得微軟公司在哈里斯民調公司(Harris Interactive)與《華爾街日報》所做的調查中,名列最佳企業之一。

巴菲特的捐獻會影響公司嗎?

巴菲特說,他將波克夏的股份捐獻出來,對於股價實際上不會有影響。

「認識我的人都知道,我是盡心盡力將波克夏經營得很好,這個目標仍然不變。我不會因為我無法有所作為,就改變我做事的方法。」

巴菲特在給繼承人的一封信中,通知將增加他們信託基金的金額,也跟他們保證,波克夏海瑟威公司將會繼續賺很多錢。

「我認為波克夏是支持基金會長期運作很理想的資產。」

有巴菲特擔任大股東，一直是穩定的力量，因為他持有這麼多股份，賣出卻很少。通常波克夏的週轉率一年只有一五%，以大型股來說，這是很低的。由於巴菲特的捐獻分成二十幾年，他對公司的控制將會逐漸釋出，投資人與華爾街有足夠的時間調整。不過，即使所有的捐獻股份每年都賣出，週轉率也只會上升到一七%。巴菲特又指出，他與蘇西的股份釋出之後，股票的流動性增加，使得波克夏的真正市場價值更為明顯。

結語

關於巴菲特的著作

出版商、書店老闆、投資人、仰慕者與模仿者，一直企盼巴菲特自己寫本書。一九七三年，巴菲特開始跟《財星》雜誌特約編輯卡洛·盧米斯討論合作寫書的計畫。一九八九年，巴菲特寫信給盧米斯，提到：

「除了因循怠惰之外，這件事情會拖延下來的主要原因，是因為如果我要寫一本書，我希望這本書有用。這表示要有好的見解，而且是還沒發表過的。我最重要的見解是直接來自葛拉漢，而他的說明要比我高明太多。

「如果要寫自傳，我認為應該再等一陣子。我很樂觀地認為，最有趣的章節還沒出現呢！」

雖然盧米斯一直是巴菲特很要好的朋友，也是波克夏海瑟威最有權威的發言人，隨著時間飛逝，寫自傳的希望逐漸幻滅。一九九七年，巴菲特允許葉史瓦大學（Yeshiva University）法律教授勞倫斯・康寧漢（Lawrence A. Cunningham），從年度報告中整理信件出版。《巴菲特寫給股東的信》（*The Essays of Warren Buffett: Lessons for Corporate America*，一九九七年）一書讓讀者不必從成堆的文件中挖掘，就可以獲取巴菲特的一些資料。

後來又有新的發展。潘恩韋伯公司的保險分析師艾莉絲・施洛德為了撰寫一九九九年的報告，史無前例地獲得允許採訪巴菲特以及波克夏公司的經理。這份報告成為這類書籍的暢銷書。不久就宣布，施洛德將採訪巴菲特，為其立傳，書名叫做《雪球：巴菲特傳》（*The Snow Ball: Warren Buffett and the Business Life*），出版時間為二〇〇八年。巴菲特不會列名共同作者，事實上施洛德是分析師，而不是記者或作家，因此使得這本書給人的印象，比較少個人味道，多了些商業氣息。儘管如此，巴菲特的仰慕者還是盼望這本書的問世。

附錄
波克夏與標準普爾五〇〇的帳面價值之比較

年度百分比的變化

年度	波克夏每股的帳面價值（1）	標準普爾500，包括股息（2）	相對結果（1）－（2）
1965	23.8%	10.0%	13.8%
1966	20.3	（11.7）	32.0
1967	11.0	30.9	（19.9）
1968	19.0	11.0	8.0
1969	16.2	（8.4）	24.6
1970	12.0	3.9	8.1
1971	16.4	14.6	1.8
1972	21.7	18.9	2.8
1973	4.7	（14.8）	19.5
1974	5.5	（26.4）	31.9
1975	21.9	37.2	（15.3）
1976	59.3	23.6	35.7
1977	31.9	（7.4）	39.3
1978	24.0	6.4	17.6
1979	35.7	18.2	17.5
1980	19.3	32.3	（13.0）
1981	31.4	（5.0）	36.4
1982	40.0	21.4	18.6
1983	32.3	22.4	9.9
1984	13.6	6.1	7.5
1985	48.2	31.6	16.6
1986	26.1	18.6	7.5
1987	19.5	5.1	14.4
1988	20.1	16.6	3.5
1989	44.4	31.7	12.7
1990	7.4	（3.1）	10.5
1991	39.6	30.5	9.1
1992	20.3	7.6	12.7
1993	14.3	10.1	4.2
1994	13.9	1.3	12.6
1995	43.1	37.6	5.5

年度	波克夏每股的帳面價值（1）	標準普爾500，包括股息（2）	相對結果（1）-（2）
1996	31.8	23.0	8.8
1997	34.1	33.4	0.7
1998	48.3	28.6	19.7
1999	0.5	21.0	（20.5）
2000	6.5	（9.1）	15.6
2001	（6.2）	（11.9）	5.7
2002	10.0	（22.1）	32.1
2003	21.0	28.7	（7.7）
2004	10.5	10.9	（0.4）
2005	6.4	4.9	1.5
2006	18.4	15.8	2.6
綜合平均每年獲利率：1965-2006	21.4%	10.4%	11.0%
整體獲利率：1964-2006	361,156%	6,479%	

波克夏海瑟威股價1962-2007股價成長過程

年度	股價
1962	$7.56
1965	12
1977	120
1981	500
1988	4,200
1989	8,550
1996	38,000
1998	80,000
2000網路與科技股泡沫化最高點	40,800
2002	72,750
2007	108,000

數字為年中或年底，不過都代表該年度的股價。

附錄

巴菲特年度大事紀

華倫・巴菲特與波克夏海瑟威公司的傳奇事蹟

一八六九

西尼・何曼・巴菲特（Sidney Homan Buffett）在內布拉斯加州奧瑪哈市的丹地（Dundee）地區開設巴菲特雜貨店，巴菲特三代經營雜貨店，直到一九五九年關門。華倫・巴菲特與他的夥伴查理・孟格年輕時都在店裡工作過，不過不是同時，他們直到成年之後才認識。

一八八八

海瑟威製造廠（The Hathaway Manufacturing）成立於麻薩諸塞州新貝德福（New Bedford），從事棉布製造。惡名昭彰的華爾街女巫海蒂·格林（Hettie Green）擔任公司的董事。一九五五年，海瑟威與波克夏精紡公司（Berkshire Fine Spinning Associates）合併，成為波克夏海瑟威公司。

一九三〇

八月三十日，華倫·艾德華·巴菲特出生於奧瑪哈，父親霍華·巴菲特是證券經紀商，母親萊拉·巴菲特。

一九四一

華倫十一歲，與姊姊桃莉絲合夥第一次購買股票，以每股三十八美元購買城市服務優先股六股。巴菲特以四十美元售出，後來上漲到每股二百美元。

一九四三

華倫告訴一位朋友，他三十歲將成為百萬富翁，否則就從奧瑪哈市的最高建築物跳下來。

一九四五

華倫精心設計出一條送報路線，每個月可以賺一百七十五美元。十四歲時，投資一千二百美元購買四十英畝的內布拉斯加農場（Nebraska farmland）。

一九四七

巴菲特還是高中生，跟一位朋友合夥買下一台彈珠檯，放在理髮廳。這個事業擴展到三台彈珠檯，後來以一千二百美元出售。

一九四九

巴菲特離開賓州大學的華頓商學院，到林肯市的內布拉斯加大學註冊上學。

一九五〇

巴菲特以三年時間完成學院課程，儲蓄金額累積到九千八百美元。申請哈佛商學院被拒，於是到哥倫比亞大學就讀，在投資傳奇人物班傑明．葛拉漢與大衛．陶德的指導下進行研究。

一九五一

巴菲特知道教授葛拉漢是蓋可公司的董事，於是到蓋可公司的總部，在他的堅持之下，得到這家公司未來總裁私下教導他有關保險的業務。

一九五一

在哥倫比亞大學獲得商學碩士學位之後，巴菲特向葛拉漢申請在他的投資公司工作。葛拉漢認為當時不是進入這個行業的好時機，因此拒絕他的請求。巴菲特回到奧瑪哈，在他父親的公司工作。華倫買下一家德士古的加油站，這是一次失敗的投資。他也參加卡內基演講課程，並且在內布拉斯加大學夜校教投資課程。

一九五二

華倫與蘇珊．湯普森結婚，蘇珊是當地學院一位教授的女兒。蘇西與華倫的姊姊在西北大學是室友。

一九五四

華倫與葛拉漢繼續保持密切聯繫，葛拉漢改變心意，給巴菲特一份工作。華倫與蘇西帶著小孩搬到紐約。

一九五六

葛拉漢退休，葛拉漢紐曼合夥公司歇業。現在，巴菲特已經累積十四萬美元。他回到奧瑪哈，以自己的一百美元，加上親友的十萬五千美元，成立自己的合夥公司。葛拉漢將許多以前的顧客轉介給巴菲特。

一九五九

巴菲特經人介紹認識奧瑪哈同鄉查理．孟格，他與孟格很快就成為夥伴，查理最後成為波克夏的副董事長。

一九六二

巴菲特合夥公司開始買進波克夏海瑟威公司的股份，波克夏以前是紡織界的大公司，但是紡織業已經蕭條。波克夏每股售價大約八美元，遠低於其淨值。

一九六五

巴菲特控制波克夏，提名肯恩・蔡斯（Ken Chase）擔任新總裁。

一九六九

雖然一九六八年是巴菲特最成功的一年，但是他說再也找不到合適的買賣。他結束合夥公司，清算資產。他用來支付的費用，包括波克夏的股份。不久之後，他開始將波克夏轉型為現在的控股公司。

一九七〇

巴菲特執筆寫第一封給股東的年度報告書。

一九七〇

巴菲特聯繫凱瑟琳．葛蘭姆，告訴她說他擁有《華盛頓郵報》公司許多股份，但是他不是要掠奪併購。這是雙方長期友誼的開始。

一九七七

蘇珊．巴菲特搬到舊金山，開始過自己的生活。這對夫妻沒有離婚，還經常一起旅行，參加家庭聚會。蘇西也在波克夏海瑟威公司擔任董事，直到過世。

一九七九

巴菲特的淨值高達六億二千萬美元，第一次進入《富比世》美國四百大富豪排行榜。他開始投資美國廣播公司，這家電視公司目前隸屬於迪士尼公司。

一九八八

巴菲特開始買進可口可樂的股份，成為波克夏持股的核心。

一九九二

巴菲特這一年大多待在紐約，擔任所羅門兄弟公司的董事長。他面對的是相當棘手的工作，要解決違法的債券交易事件，以及挽救所羅門兄弟公司。

一九九三

巴菲特成為《富比世》排名的世界首富，比爾．蓋茲第二名。

一九九五

波克夏以二億六千八百五十萬美元提列對全美航空的投資虧損。

一九九六

投機分子打算成立共同基金，讓無法負擔A股一股就要三萬八千美元的投資人也有機會投資波克夏，巴菲特因此決定發行波克夏海瑟威B股以遏阻。波克夏海瑟威公司設立www.berkshirehathaway.com網站。

一九九八

巴菲特屯購一億二千九百七十萬盎司的白銀，占全世界已開採數量的三〇％。他以一盎司四．三二美元買下大部分的白銀期貨，這是六百五十年來的最低價。到了二〇〇七年，白銀價格漲了三倍。波克夏買下通用再保公司。

二〇〇〇

波克夏海瑟威成為眾人嘲笑的「低科技」股，當時投資人熱中於高科技股與網路公司。市場過熱的現象演變成大泡沫，三月十日泡沫終於破滅。當天那斯達克指數五一三二點，是有史以來最高點，而波克夏海瑟威成交價為四萬零八百美元，是一九九七年以來最低價。

二〇〇一

世界貿易中心遭受九一一恐怖攻擊，波克夏海瑟威的保險部門承擔理賠損失二十二億美元。

二〇〇四

蘇珊・巴菲特接受口腔癌治療之後，死於中風。留下二十六億美元的資產，大多是波克夏的股份。

二〇〇五

由於卡崔那、麗塔與威瑪等颶風造成的災害理賠，波克夏海瑟威的保險部門損失二十五億美元。

二〇〇六

巴菲特將大部分的財產捐獻給慈善事業，八五％給比爾暨梅琳達蓋茲基金會，其餘給三名子女的基金會。這是美國有史以來最大筆的慈善捐款。波克夏海瑟威公司單一年度淨值成長一百六十九億美元，如果不計併購所達成的利潤，這是美國公司一年獲利的最高紀錄。巴菲特在生日那天，與多年好友艾絲翠·孟克斯結婚。

新商業周刊叢書BW0287X

股神巴菲特

從選股、長期投資到人生最重要的六堂課

原文書名／Warren Buffett Speaks: Wit and Wisdom from the World's Greatest Investor
作　　者／珍娜・羅淈（Janet Lowe）
譯　　者／李振昌
編輯協力／張語寧
責任編輯／羅惠馨、鄭凱達
版　　權／顏慧儀
行銷業務／周佑潔、林秀津、黃崇華、賴正祐、郭盈均

總 編 輯／陳美靜
總 經 理／彭之琬
事業群總經理／黃淑貞
發 行 人／何飛鵬
法律顧問／台英國際商務法律事務所　羅明通律師
出　　版／商周出版
臺北市104民生東路二段141號9樓
電話：(02) 2500-7008　傳真：(02) 2500-7759
E-mail: bwp.service @ cite.com.tw
發　　行／英屬蓋曼群島商家庭傳媒股份有限公司　城邦分公司
臺北市104民生東路二段141號2樓
讀者服務專線：0800-020-299　24小時傳真服務：(02) 2517-0999
讀者服務信箱E-mail: cs@cite.com.tw
劃撥帳號：19833503　戶名：英屬蓋曼群島商家庭傳媒股份有限公司城邦分公司
訂購服務／書虫股份有限公司客服專線：(02) 2500-7718；2500-7719
服務時間：週一至週五上午09:30-12:00；下午13:30-17:00
24小時傳真專線：(02) 2500-1990；2500-1991
劃撥帳號：19863813　戶名：書虫股份有限公司
E-mail: service@readingclub.com.tw
香港發行所／城邦（香港）出版集團有限公司
香港灣仔駱克道193號東超商業中心1樓
電話：(852) 2508-6231　傳真：(852) 2578-9337
馬新發行所／城邦（馬新）出版集團
Cite (M) Sdn. Bhd.
41, Jalan Radin Anum, Bandar Baru Sri Petaling, 57000 Kuala Lumpur, Malaysia.
電話：(603) 9057-8822　傳真：(603) 9057-6622　E-mail: cite@cite.com.my

封面設計／FE設計・葉馥儀
印　　刷／韋懋實業有限公司
經 銷 商／聯合發行股份有限公司　電話：(02) 2917-8022　傳真：(02) 2911-0053
地址：新北市新店區寶橋路235巷6弄6號2樓

■2022年7月7日二版1刷　　Printed in Taiwan

定價380元　　版權所有・翻印必究
ISBN：978-626-318-324-7

城邦讀書花園
www.cite.com.tw

國家圖書館出版品預行編目（CIP）資料

股神巴菲特：從選股、長期投資到人生最重要的六堂課／珍娜．羅渥（Janet Lowe）著；李振昌譯. -- 二版. -- 臺北市：商周出版：英屬蓋曼群島商家庭傳媒股份有限公司城邦分公司發行, 2022.07
面；　公分. --（新商業周刊叢書；BW0287X）
譯自：Warren Buffett speaks : wit and wisdom from the world's greatest investor
ISBN 978-626-318-324-7（平裝）

1.CST: 巴菲特 (Buffett, Warren)　2.CST: 投資
3.CST: 傳記　4.CST: 格言

563.5　　111008316

線上版讀者回函卡

廣　告　回
北區郵政管理登記
台北廣字第000791
郵資已付，免貼郵

104台北市民生東路二段141號2樓

英屬蓋曼群島商家庭傳媒股份有限公司
城邦分公司　收

請沿虛線對摺，謝謝！

書號：BW0287X　　書名：股神巴菲特　　編碼：

請於此處用膠水黏貼

商周出版

讀者回函卡

感謝您購買我們出版的書籍！請費心填寫此回函卡，我們將不定期寄上城邦集團最新的出版訊息。

不定期好禮相贈！
立即加入：商周出版
Facebook 粉絲團

姓名：______________________ 性別：☐男 ☐女

生日：西元________年________月________日

地址：______________________

聯絡電話：______________ 傳真：______________

E-mail ：

學歷：☐ 1. 小學 ☐ 2. 國中 ☐ 3. 高中 ☐ 4. 大學 ☐ 5. 研究所以上

職業：☐ 1. 學生 ☐ 2. 軍公教 ☐ 3. 服務 ☐ 4. 金融 ☐ 5. 製造 ☐ 6. 資訊
☐ 7. 傳播 ☐ 8. 自由業 ☐ 9. 農漁牧 ☐ 10. 家管 ☐ 11. 退休
☐ 12. 其他______________________

您從何種方式得知本書消息？

☐ 1. 書店 ☐ 2. 網路 ☐ 3. 報紙 ☐ 4. 雜誌 ☐ 5. 廣播 ☐ 6. 電視
☐ 7. 親友推薦 ☐ 8. 其他______________________

您通常以何種方式購書？

☐ 1. 書店 ☐ 2. 網路 ☐ 3. 傳真訂購 ☐ 4. 郵局劃撥 ☐ 5. 其他______

您喜歡閱讀那些類別的書籍？

☐ 1. 財經商業 ☐ 2. 自然科學 ☐ 3. 歷史 ☐ 4. 法律 ☐ 5. 文學
☐ 6. 休閒旅遊 ☐ 7. 小說 ☐ 8. 人物傳記 ☐ 9. 生活、勵志 ☐ 10. 其他

對我們的建議：______________________

____

____

請於此處用膠水黏貼